GOLF FÜR EINSTEIGER

FALKEN GOLF PRAXIS

OLIVER HEULER

GOLF FÜR EINSTEIGER

FALKEN

Inhalt

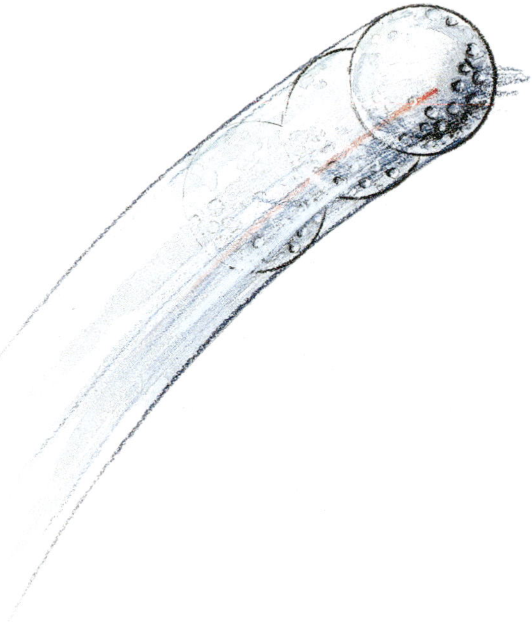

Das Gefühl eines perfekt getroffenen langen Schlages ist unbeschreiblich und motiviert immer wieder zum Training und Verbessern der Technik

EINLEITUNG

Die Aufgabe, einen Ball mit einem Schläger in ein Loch zu befördern, erscheint auf den ersten Blick sehr einfach. Golf erweist sich aber bei näherer Betrachtung als eine der schwierigsten Sportarten, wenn man einmal von einigen Risikosportarten absieht.

Erstaunlich ist auch die Vielschichtigkeit dieses Sports. In den meisten Golfschulen werden nicht weniger als sieben mögliche Bereiche behandelt, in denen Verbesserungen erreicht werden können: langes und kurzes Spiel, Spezialschläge, Platzstrategie, Fitneß, mentaler Bereich und Ausrüstung.

In unzähligen Schnupperkursen fiel mir immer wieder auf, wie schnell anfängliche Vorurteile der Freude an dem einmaligen Erlebnis eines gut getroffenen langen Schlages gewichen sind. Sobald der erste Ball eine größere Strecke in der Luft zurücklegt, wird es schwierig, sich nicht mit dem vielzitierten „Golfvirus" zu infizieren, und es läßt sich dann auch kein plausibler Grund finden, warum man nun diesen Schlag nicht jederzeit wiederholen kann.

Doch wie alle fortgeschrittenen Golfer wissen, gibt es deren viele. Ein Sport, von dem selbst die Weltbesten behaupten, daß ihnen an guten Tagen höchstens jeder sechste volle Schlag perfekt gelingt, und die über 20 Jahre benötigen, um ihren Leistungszenit zu erreichen – ein solcher Sport wird so schnell auch nicht langweilig.

Der Spaß ist jedoch gerade in der Anfangsphase am größten, weil sich Verbesserungen hier relativ schnell erzielen lassen. Eine Verbesserung des Handicaps von 3 auf 0 dauert in der Regel Jahre; eine Verbesserung des Handicaps um 10 Punkte in einem Jahr ist jedoch in den hohen Handicapklassen keine Seltenheit.

Dieses Buch kann kein Ersatz für den praktischen Unterricht bei einem Golflehrer sein, aber doch eine ideale Ergänzung. Natürlich kann man Golf auch autodidaktisch erlernen. Ich weiß jedoch aus eigener Erfahrung, daß dies erheblich zeitaufwendiger ist und nicht zum gleichen Erfolg führt. Da es beim Golf weder eine einheitliche wissenschaftlich begründete Theorie zur Technik noch eine einheitliche Lehrmethode gibt, empfehle ich Ihnen außerdem, den Golflehrer nicht ständig zu wechseln.

GESCHICHTE

Das eigentliche Golfspiel ist schon über 500 Jahre alt. In Deutschland ist es jedoch – im Gegensatz zu vielen anderen Ländern – noch nicht zum Volkssport geworden.

Golfspiel

Bis heute konnte man noch nicht den Zeitpunkt und Ursprungsort des Golfspiels exakt bestimmen. Es ist bei dem bereits betriebenen Forschungsaufwand auch wenig wahrscheinlich, daß man es jemals herausfindet. Wenn wir einmal von den persischen, ägyptischen, griechischen und römischen Spielen mit Ball und Schläger absehen, die zeitlich noch vor der Frühgeschichte des Golfspiels lagen, kann man die Geschichte des Golfs in drei Epochen aufteilen: in die Geschichte des langen Spiels, das in den niederländischen Provinzen zwischen 1300 und 1700 gespielt wurde (Colf); in die Geschichte des kurzen Spiels, das sich ab 1700 daraus entwickelte und bis heute in Holland gespielt wird (Kolf); und schließlich in das, was um 1450 in Schottland und heute auf der ganzen Welt gespielt wird: Golf.

Aus dem Jahre 1338 stammt ein Jagdgesetz aus Frankfurt, das den Jägern das Weiderecht auf einer Fläche einräumte, die durch die Länge bestimmt wurde, über die sie einen Stein mit einem Schlag treiben konnten. Es wäre jedoch sicher übertrieben, diese Betätigung schon als Golf zu bezeichnen.

Das erste nachweisbare Colfspiel fand 1297 in den Niederlanden statt (Colf = Kolben, also Schläger). Zwei Mannschaften mit je vier Spielern versuchten jeweils, einen Holzball mit Holzschlägern in möglichst wenigen Versuchen zu einem Ziel – meistens große Hoftore – zu schlagen. Es wurde über vier „Löcher“ gespielt, und die zurückzulegende Entfernung betrug etwa 4500 Meter. Im 15. Jahrhundert wurde Colf bereits in 14 Städten Hollands, Seelands, Utrechts und Flanderns gespielt.
Da beim Colfspielen immer wieder etwas zu Bruch ging und auch Menschen verletzt wurden, findet man zahlreiche Aufzeichnungen über Verbote des Spiels. Im 17. Jahrhundert erreichte Colf seinen Höhepunkt. Viele Gemälde zeigen Spieler auf zugefrorenen Seen, da die damals sehr teuren Bälle im Gras schnell verlorengingen. Um das Jahr 1700 endete plötzlich das Interesse am Colf in den niederländischen Provinzen – es galt auf einmal nicht mehr als fein, bei Wind und Wetter durch die „dreckige“ Landschaft zu wandern.

Innerhalb der nächsten 20 Jahre wurde jedoch ein neues Spiel aus der Taufe gehoben: Auf einem Platz von 20 Metern Länge wurde

Kolf gespielt, ein Präzisionsspiel, bei dem man mit dem Ball einen Eisenpfosten in der gegnerischen Spielfeldhälfte treffen mußte, und das man bis heute in geschlossenen Räumen spielt. Gegen Ende des 18. Jahrhunderts gab es Hunderte von Kolfplätzen, die meist überdacht waren und sich in der Nähe von Gasthäusern befanden. Mit dem Niedergang dieses Spiels nach 1800 wurden die meisten der überdachten Plätze in Bankett- oder Theatersäle umgewandelt; Billard ersetzte Kolf.

Die erste Erwähnung des Golfspiels in Schottland datiert aus dem Jahr 1457, als Golf (gouf) durch einen Parlamentsbeschluß verboten wurde, weil es die Soldaten vom Training mit Pfeil und Bogen abhielt. Die zu dieser Zeit durch rege Handelsbeziehungen und allerlei Heiraten und Verwandtschaften innerhalb der Königshäuser enge Verbindung von Schotten und Niederländern deutet daraufhin, daß die Holländer das Spiel nach Schottland gebracht hatten. So kann man beispielsweise auf vielen holländischen Bildern Spieler erkennen, die Schottenröcke tragen. Auch wenn die Schotten nicht die Erfinder

In den Niederlanden spielte man Colf auf zugefrorenen Seen, weil die teuren handgefertigten Bälle hier nicht so schnell verlorengingen wie im Gras

des Golfspiels sind, gebührt ihnen jedoch die Ehre, das Spiel gepflegt und verbreitet zu haben. Und zwar so, wie es heute gespielt wird: mit einer Vielzahl von Schlägern auf einer ausgedehnten Fläche und mit dem Ziel, einen kleinen Ball in ein Loch zu schlagen. In Schottland entstanden 1744 dann auch die ersten „richtigen" Regeln, als die Mitglieder der „Honourable Company of Edinburgh Golfers" zusammenkamen und den ersten Golfclub gründeten. Zehn Jahre später etablierte sich der Club von St. Andrews, der spätere „Royal and Ancient Golf Club of St. Andrews", in dem 1764 das Spiel von 22 auf 18 Löcher reduziert wurde. Das erste richtige Meisterschaftsturnier fand 1860 in Prestwick statt, zuerst nur für Berufsspieler. Ein Jahr später waren „die Open" dann offen für jedermann.

Gegen Ende des vorigen Jahrhunderts wurde Golf in England zum Nationalsport – gleichzeitig verbreitete sich das Spiel auf der ganzen Welt, vor allem in den britischen Kolonien

Unterricht und Technik

Sicher haben schon die Golfer des 15. Jahrhunderts versucht, eine Methode zu finden, den Ball so effektiv wie möglich zu schlagen, und sich gegenseitig Anweisungen gegeben. Die Geschichte des Golfunterrichts beginnt aber erst mit der Einführung des Gutta-Percha-Balls um 1840. Bis dahin mußte ein Professional (Pro) einen Großteil seiner Zeit der Herstellung des Featherie-Balls widmen, einem mit Federn gefüllten Lederball, in einem Jahr stellte ein Pro durchschnittlich 1500 Bälle her, was ihm kaum Zeit für den Golfunterricht ließ. Durch die industrielle Fertigung des Gutta-Percha-Balls – er wurde aus Rohgummi in Formen gegossen – wurde Golf erschwinglicher und populärer. Die Pros hatten jetzt mehr Zeit für Unterricht.

Das erste Lehrbuch von H. B. Farnie erschien 1857 mit dem Titel „The Golfer's Manual“. In diesem wurde schon auf den Vorteil hingewiesen, den Schläger auf derselben Bahn zurück und nach vorne zu schwingen. Das erste bebilderte Buch (mit Abbildungen vom britischen Champion Tom Morris) kam 1887 heraus: „The Art of Golf“ von W. G. Simpson. Zehn Jahre später veröffentlichte H. J. Witham das erste Buch mit Aktionsfotos, die die Bewegung verdeutlichten.

Zu allen Zeiten wurde die vorherrschende Technik maßgeblich von der Ausrüstung, insbesondere vom Ball beeinflußt. Mit der Verbreitung des Gutta-Percha-Balls wurden die Schwünge steiler, weil der neue Ball nicht mehr so hoch flog und so weit rollte wie der Featherie.

Als dann um die Jahrhundertwende der Haskel-Ball (benannt nach dem Erfinder Coburn Haskel) aufkam, wurden die Schwünge – bedingt durch die größeren Schlagweiten – kompakter. Harry Vardon war der bedeutendste Vertreter dieses Schwungstils.

Seymore Dunn veröffentlichte 1922 das erste Buch mit Bildern, in denen die Bewegungsphasen dargestellt waren. Im Hintergrund der Bilder befanden sich Stäbe, Seile und Gitterlinien, um Bezugspunkte für die Schwungebenen zu geben.

Zeitgleich lockerte sich die Kleiderordnung, und die Männer mußten nicht mehr im Jackett und mit Krawatte spielen. Auch den Frauen wurden Kleider gestattet, die mehr Bewegungsfreiheit erlaubten, was natürlich einen Einfluß auf die Schwungtechnik hatte. 1930 setzte sich dann der bereits 1925 erfundene Schlägerschaft aus Stahl durch. Damit konnte der Ball flacher und weiter geschlagen werden, was wiederum eine Anpassung der Technik erforderte. In dieser Zeit standen auch die ersten Zeitlupenaufnahmen zur Verfügung, die zusammen mit einem umfangreicheren Wissen über Anatomie und Biomechanik und der relevanten Physik hilfreiche Werkzeuge für die Entwicklung des Golfschwunges darstellten.

In den 40er und 50er Jahren waren die Bücher von Ben Hogan „Power Golf" und „Fundamentals of Golf" sehr erfolgreich und sie ge-

1297
Erstes nachweisbares Golfspiel in Loenen aan de Vecht (Nordholland)

1350
Erste bildliche Darstellung eines „Chole"-Spielers auf einer Glasscheibe in der Kathedrale von Gloucester

1360
Älteste Niederschrift über Colf im Verordnungsbuch von Brüssel. Der Magistrat der Stadt: „Wer mit einem Schläger Ball spielt, den kostet das 20 Schilling oder das Obergewand"

1401
Verbot des Colfspielens auf breiten Straßen, Kirchhöfen und Klöstern im Verordnungsbuch der Stadt Dordrecht (Paragraph 204)

1429
Verfügung der Stadt Zierikzee, daß „niemand den Ball auf den Straßen schlage mit Schlägern mit Blei- oder Eisenköpfen"

1437
Erste Erwähnung des Berufes der Ball- und Schlägermacher in einer Steuerverordnung

1457
Mit einem Parlamentsbeschluß (Act of Parliament) wurde Golf in Schottland das erste Mal verboten

1500
In Delft wird das Spiel für Erwachsene erlaubt, wenn sie auf freigegebenen Plätzen spielen

1553
Der Erzbischof von St. Andrews bestätigt das Recht der Einwohner, auf den „links" (Dünen-Golfplätze) Golf spielen zu dürfen

hören noch heute zu den meistgelesenen Werken, die je ein Spieler geschrieben hat. Einen Meilenstein in der Geschichte der Golftechnik stellt die 1969 veröffentlichte Arbeit „The Search for the Perfect Swing" von A. Cochran und J. Stobbs dar. In diesem Werk, dessen Erkenntnisse eigentlich erst in den letzten Jahren tatsächlich im Golfunterricht angewendet werden, wurden die wissenschaftlichen Grundlagen des Treffmoments und des Golfschwunges ausführlich dargestellt.

Mit der Verbreitung moderner Videokameras, die mit einer sehr geringen Belichtungszeit verzerrungsfreie Einzelbilder ermöglichen, haben Golflehrer seit Ende der 80er Jahre ein unübertroffenes Hilfsmittel im Golfunterricht.

▶ **1620**
Erste Erwähnung des Featheries (mit Federn ausgestopfter Ball)

▶ **1628**
Erste Erwähnung eines Caddies, der für das Tragen der Schläger vier Schillinge bekam

▶ **1744**
Erstes Treffen der „Honourable Company of Edinburgh Golfers"; dreizehn Regeln werden niedergeschrieben

▶ **1754**
Gründung des Clubs von St. Andrews

▶ **1759**
Die Erwähnung des ersten Zählspiels – vorher gab es nur Lochwettspiele

▶ **1764**
In St. Andrews reduziert man eine Runde von 22 auf 18 Löcher

▶ **1848**
Einführung des Gutta-Percha-Balls (gutty), der den Featherie ablöst

▶ **1857**
Das erste Golfbuch erscheint unter dem Titel „The Golfer's Manual"

▶ **1860**
Erstes Meisterschaftsturnier für Professionals in Prestwick – die spätere Open

▶ **1901**
Einführung des Haskell-Balls, benannt nach dem Amerikaner Coburn Haskell

▶ **1925**
Legalisierung der Schlägerschäfte aus Stahl in den USA

DAS SPIEL

Ein besonderer Reiz des Golfspiels liegt in der Unterschiedlichkeit der Plätze: Im Gegensatz zu fast allen anderen Ballsportarten gibt es nur geringe Vorgaben für das „Spielfeld", und so gleicht kein Platz dem anderen.

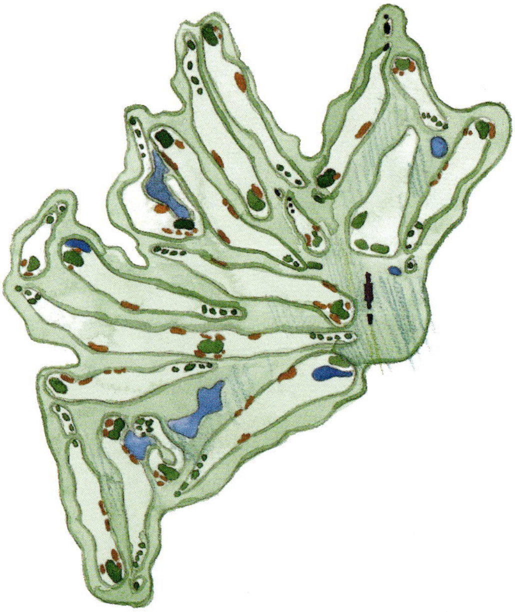

Ziel des Golfspiels ist es, einen Ball mittels verschiedener Schläger in Übereinstimmung mit den Regeln und der Etikette vom Abschlag in das Loch zu spielen. Dies wiederholt sich in einer kompletten Runde auf 18 Spielbahnen, wobei man jedoch beim Golf nur vom Loch beziehungsweise von Löchern spricht.

Ein typischer Spielverlauf für einen fortgeschrittenen Golfer: Ein Abschlag mit einem Holz, zwei Schläge mit Eisen, um die Distanz zurückzulegen, eine Annäherung und ein Putt

Die Löcher

Die Löcher sind meist zwischen 80 und 550 Meter lang; hieraus ergibt sich in der Regel eine zurückzulegende Gesamtlänge von 5800–6400 Meter, für Damen circa 12 Prozent weniger. Es gibt drei verschiedene Einteilungen der Löcher: Par 3, Par 4 und Par 5. Par ist die Abkürzung für Proffessional Average Result, also das Durchschnittsergebnis eines Pros (man sagt beim Golf nie Profi, sondern Pro als Kurzform für Professional).

Zählt man nun die Pars der 18 Löcher zusammen – in der Regel gibt es vier Par-3-, zehn Par-4- und vier Par-5-Löcher –, kommt man auf 72, dem Gesamt-Par des Platzes.

Albatross = *3 Schläge unter Par*
Eagle = *2 Schläge unter Par*
Birdie = *1 Schlag unter Par*
Par = *Erreichen der vorgegebenen Schlagzahl*
Bogey = *1 Schlag über Par*
Double Bogey = *2 Schläge über Par*
Triple-Bogey = *3 Schläge über Par*

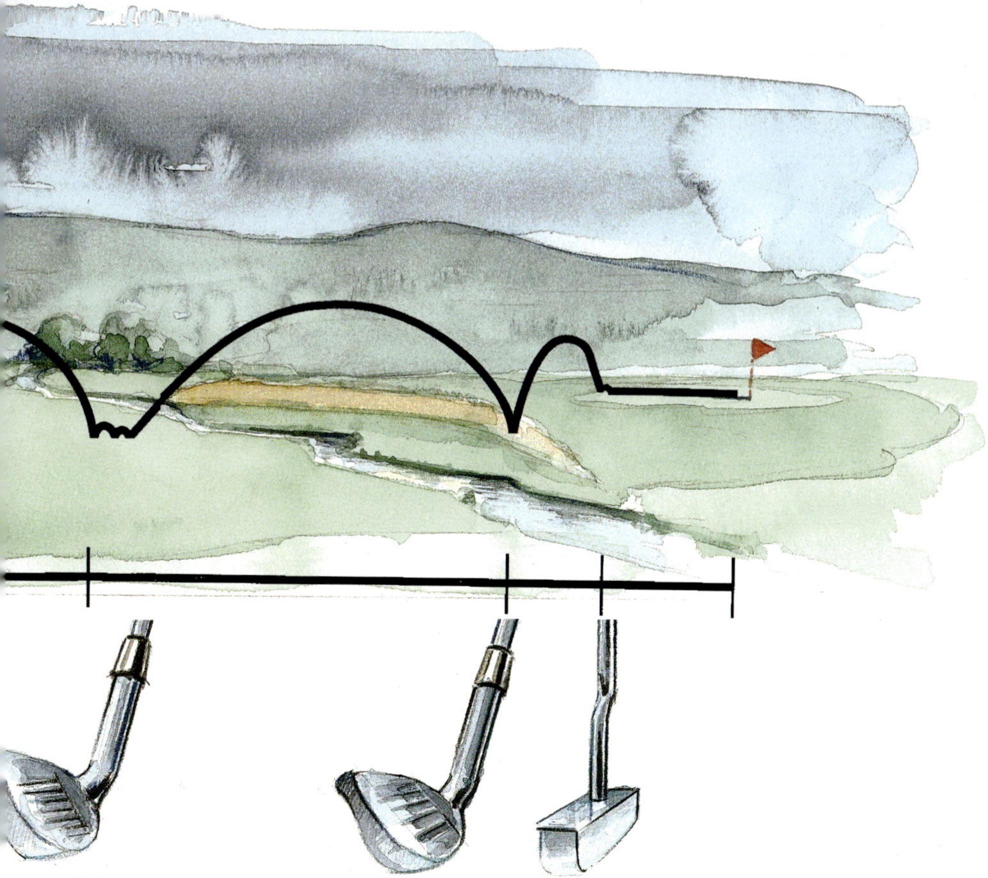

Standard und Handicap

Der Standard des Platzes (SSS = Standard Scratch Score) gibt das Ergebnis an, das ein Spieler mit Handicap 0 (Scratch) benötigt.

Er ist meist mit dem Par des Platzes identisch – in der Regel 72 –, kann aber auch davon abweichen, wenn die Gesamtlänge sehr hoch oder niedrig ist oder der Platz durch andere Umstände besonders schwierig oder einfach zu spielen ist.

Mit dem Standard wird das Handicap eines Golfers errechnet. Es gibt die Anzahl der Schläge an, die der Golfer mehr benötigt als der Standard des Platzes vorgibt. Braucht ein Spieler beispielsweise 82 Schläge auf einem Platz mit Standard 72, so hat er Handicap 10 gespielt. In Deutschland wurde das höchste Handicap auf -36 (dem Spieler werden 36 Schläge für sein Netto-Ergebnis abgezo-

Par (vorgegebene Schlagzahl)	Mögliche Schläge bei Handicap 0	Längen (Herren)	Längen (Damen)	Anzahl der Löcher
3	1 langer Schlag + 2 Putts oder 1 langer Schlag + 1 Annäherung + 1 Putt	max. 228m	max. 201m	4
4	2 lange Schläge + 2 Putts oder 2 lange Schläge + 1 Annäherung + 1 Putt	229–434m	202–382m	10
5	3 lange Schläge + 2 Putts oder 3 lange Schläge + 1 Annäherung + 1 Putt	ab 435m	ab 382m	4
72	**36 lange Schläge + 6 Annäherungen + 30 Putts**	**6036–6218m (SSS72)**	**5312–5472m (SSS72)**	**18**

gen) festgelegt. Es hört nicht bei Null auf, sondern kann auch positiv sein, und macht es möglich, daß Spieler unterschiedlicher Spielstärken in der Netto-Wertung mit gleichen Chancen gegeneinander spielen können.

Große Meisterschaften werden natürlich „offen“, das heißt ohne Handicap (brutto) ausgetragen. Für das Erlangen des Handicaps braucht man in der Regel zwischen ein und zwei Jahre. Um das internationale Handicap von 24 zu erreichen, muß man schon über Jahre hinweg regelmäßig Golf spielen. Und mit einem einstelligen Handicap gehört man schon zu den „Cracks“.

Auf einer Score-Karte befindet sich meist auch noch die sogenannte Vorgabeverteilung. Sie gibt Auskunft über die Schwierigkeit der Löcher. Das Loch mit der Vorgabe 1 ist das schwierigste, das mit Vorgabe 18 das einfachste. Beim Lochwettspiel weiß man so, auf welchen Löchern ein Spieler gegenüber einem anderen Spieler Vorgabeschläge erhält. Im Unterschied zum Zählwettspiel, bei dem erst nach 18 Löchern abgerechnet wird, wird hier jedes Loch getrennt gewertet, wobei der siegt, der die meisten Löcher gewonnen hat.

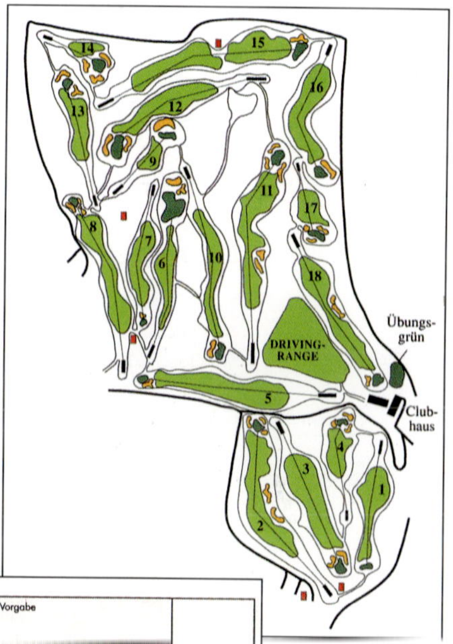

Spieler — Vorgabe

Spiel — Datum

STANDARD 72

Vorgabeunterschiede

Loch	Par	Spieler	Vorg. Vertlg.	Nicht beschreiben				Länge in Metern Herren	Länge in Metern Damen
1	4		1					344	308
2	3		13					150	130
3	4		7					358	315
4	4		11					368	325
5	4		17					317	280
6	3		15					165	145
7	5		9					495	438
8	4		3					400	350
9	5		5					462	407
1-9	36		OUT					3059	2698
10	4		2					344	308
11	3		14					150	130
12	4		8					358	315
13	4		12					368	325
14	4		18					317	280
15	3		16					165	145
16	5		10					495	438
17	4		4					400	350
18	5		6					462	407
10-18	36		HOME					3059	2698
1-9	36		OUT					3059	2698
1-18	72		TOTAL					6118	5396
Vorgabe								Ergebnis (Par, Loch)	
Netto									

Unterschied	3 / 4	3 / 8

Spieler

Zähler

In die Score-Karte werden die Ergebnisse auf den einzelnen Löchern eingetragen

AUSRÜSTUNG

In den letzten Jahren gab es bedeutende Verbesserungen bei Schlägern und Bällen – gute Schläge wurden so immer einfacher. Technik, Training und Talent bleiben jedoch die entscheidenden Faktoren.

Schläger

Eine Golfausrüstung wirkt für den Nichtgolfer auf den ersten Blick völlig übertrieben. Es gibt unzählige Schläger und Utensilien, die in einer riesigen Tasche verstaut werden, die wiederum auf einem kleinen Wagen hintergezogen wird.

Ein kompletter Schlägersatz darf aus bis zu 14 Schlägern bestehen

Natürlich könnte Golf auch mit nur einem Schläger

und einem Ball gespielt werden – Severiano Ballesteros soll so auch schon einmal eine 76 gespielt haben – aber es wird viel einfacher, wenn man für eine bestimmte Entfernung auch den passenden Schläger hat und nicht jedes Mal den Schwung verändern muß.

Die Regeln gestatten insgesamt 14 Schläger. Ein voller Schlägersatz, wie er im Handel angeboten wird, besteht normalerweise aus drei Hölzern (1, 3, 5 oder für Damen manchmal auch 3, 5, 7) und 9 Eisen (3–9, Pitching-Wedge, Sand-Wedge). Hinzu kommt dann ein Putter, der immer extra gekauft wird, da es hier unzählige, sich stark unterscheidende Modelle gibt. Ein weiterer Schläger, beispielsweise ein Eisen 1 oder 2, ein drittes Wedge mit 60° Loft oder ein spezielles Holz für das Rough rundet das Ganze ab.

Für Anfänger würde eigentlich ein halber Satz (Holz 3 + 5, Eisen 5, 7, 9, Sand-Wedge und Putter) genügen. Da sich die Modelle bei den meisten Firmen aber fast jedes Jahr ändern, ist es in der Praxis immer sehr schwierig, später die fehlenden Schläger nachzukaufen. Im übrigen kostet ein voller Satz im Verhältnis häufig weniger als ein halber, so daß sich die meisten Anfänger doch für ein volles Set entscheiden.

Beim Kauf sollten Sie sich auf jeden Fall von dem Pro, der Sie unterrichtet, beraten lassen. Es gibt so viele unterschiedliche Modelle mit den verschiedensten Eigenschaften, daß Sie alleine fast kaum den richtigen Schläger finden können. Ich möchte Ihnen trotzdem einen kleinen Überblick über die wichtigsten Unterschiede geben.

Schlägerkopf

Es gibt grundsätzlich zwei Arten von Schlägerköpfen: den klassischen Kopf und den spielverbessernden Kopf. Ein guter Spieler, der den Ball fast immer mit dem richtigen Punkt (Sweet Spot) am Schläger trifft, also keine Mühe hat, den Ball in die Luft zu bringen und weit genug zu schlagen, kann ein geschmiedetes Eisen mit einer relativ schmalen Sohle und ohne große Schnörkel spielen. Diese Schläger sind meist mit Stahlschäften ausgerüstet und vergleichsweise günstig. Ein Anfänger, der den Sweet Spot häufig verfehlt, den Ball zu hoch trifft und nicht weit genug schlägt, braucht von seinem Schläger jede mögliche Unterstützung. Hierzu hat man Schläger entworfen, die durch breitere Sohlen und eine ausgeklügelte Gewichtsverteilung mehr „verzeihen“. Diese Schläger werden meist gegossen und mit Graphitschäften ausgerüstet und sind aufgrund der höheren Entwicklungs- und Herstellungs-

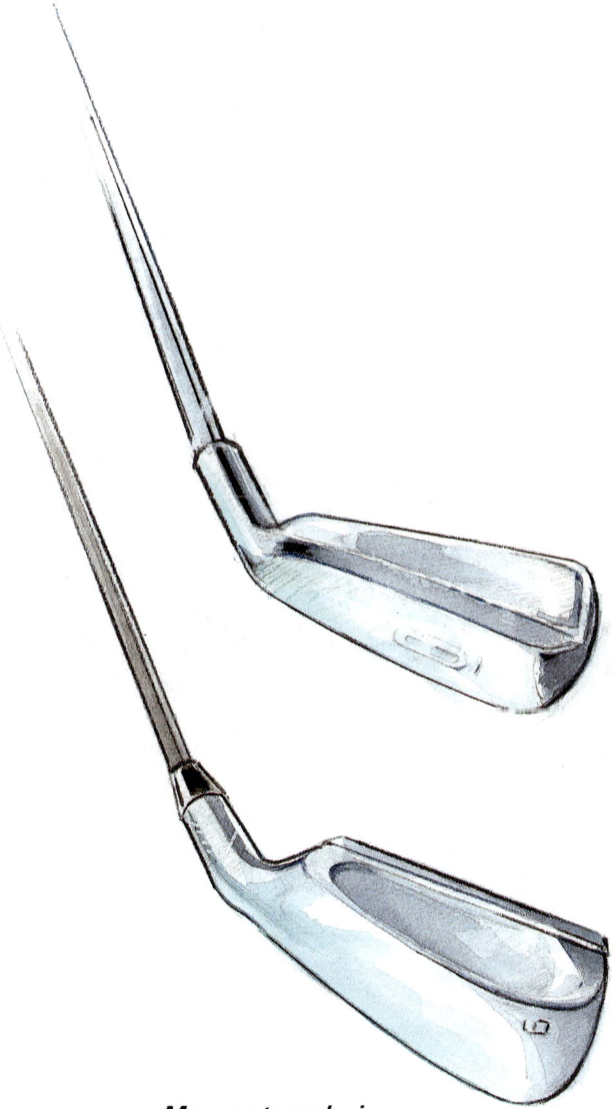

Man unterscheidet klassische Eisenschläger (o.) und solche mit sogenannten spielverbessernden Köpfen (u.)

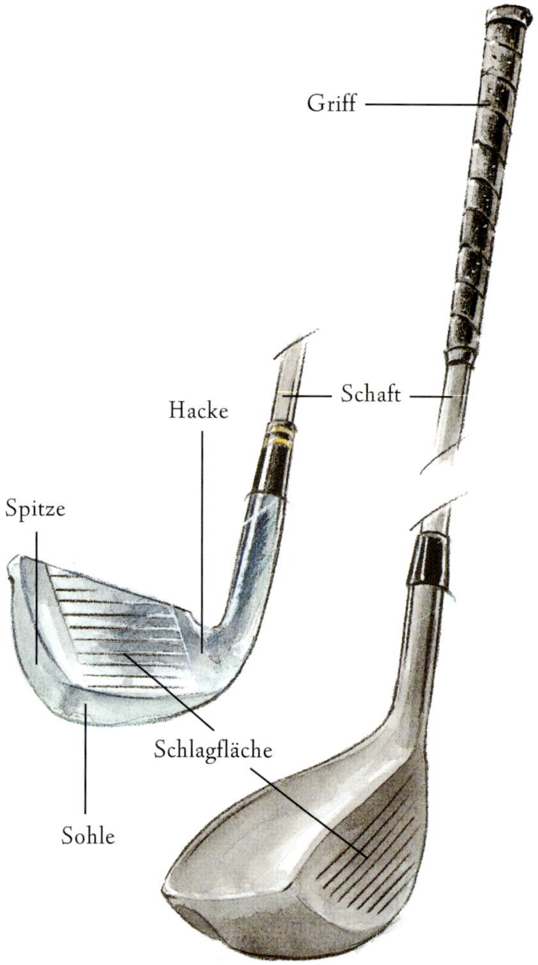

Diese Zeichnung erläutert die Bezeichnungen für die verschiedenen Teile eines Holz- und Eisenschlägers

kosten teurer. So ein Schlägersatz, bestehend aus 3 Hölzern und 9 Eisen, kostet heute zwischen zwei- und viertausend Mark.

Dies ist aber eine langfristige Investition; Golfschläger können gut und gerne zehn Jahre halten, wenn sie entsprechend gepflegt werden. Inzwischen gibt es für den ambitionierten Hobbygolfer von fast allen Herstellern eine Kombination von klassischem und spielverbesserndem Schläger.

Schlägerschaft

Beim Schaft spielen Material und Flexibilität die größte Rolle. Man unterscheidet hauptsächlich Stahl- und Graphitschäfte (sie bestehen nicht aus reinem Graphit, sondern aus unterschiedlichen Mischungen). Graphit ist etwas leichter als Stahl und ermöglicht so eine geringfügig größere Schlagweite. Stahl sagt man die etwas größere Präzision nach. Spitzengolfer verwenden daher meist Stahl bei den Eisen und Graphit bei den Hölzern. Anfänger, besonders schwächere Golfer (Damen und Senioren), sollten dagegen bei allen Schlägern Graphitschäfte wählen.

Die Flexibilität muß auf die Schlägerkopfgeschwindigkeit abgestimmt werden. Wenn man mit zu steifen Schäften spielt, fliegt der Ball zu flach und dreht häufig nach rechts ab (Slice), zu weiche hingegen lassen den Ball zu hoch fliegen und nach links abdrehen. Zudem führen falsch angepaßte Schäfte – egal ob zu weich oder zu hart – zu einem deutlichen Längenverlust.

Schlaglänge (Carry=Flugbahn ohne Rollstrecke)	Schaftflexibilität	Eignung/Empfehlung
bis 150 Meter	L (Ladies) = sehr flexibel bzw. sehr weich	Damen mit durchschnittlicher Spielstärke
150–170 Meter	A (Allround) = flexibel bzw. weich	Damen mit größerer Spielstärke und Senioren
160–200 Meter	R (Regular) = mittlere Flexibilität bzw. normal	Weibliche Professionals und Herren mit durchschnittlicher Spielstärke
190–225 Meter	S (Stiff) = geringe Flexibilität bzw. steif	Herren mit größerer Spielstärke und Professionals
220 Meter und mehr	X (Extra Stiff) = sehr geringe Flexibilität bzw. sehr steif	Professionals mit sehr hoher Schlägerkopfgeschwindigkeit

Lie und Schaftlänge

Die wichtigste Anpassung des Schlägers an den Golfer hängt von der Körpergröße und den Längenproportionen der einzelnen Körperteile ab. Hat jemand beispielsweise besonders lange Arme und gleichzeitig verhältnismäßig kurze Beine, so befinden sich die Hände viel näher am Boden als bei einem durchschnittlichen Menschen. Hier muß dann der Schläger dem Spieler angepaßt werden und nicht, wie es oft falsch gemacht wird, Ansprechposition und Schwung einem Standard-Schläger. Durch einen veränderten Lie (Winkel zwischen Schlägerschaft und Sohle) kann der Schläger kleiner oder größer gemacht werden, ohne seine Länge zu verändern. Dies ist bis zu einer Winkelveränderung von 3° möglich. Die meisten Schläger können auch nach dem Kauf mit einer speziellen Loft-und Lie-Maschine gebogen werden.

Man sollte erst dann den Schaft verlängern oder kürzen, wenn eine Veränderung des Lies allein nicht ausreicht. Eine Verlängerung der Schläger, die meist für große Menschen in Frage kommt, ist immer kritisch, da sie den Ball meist ohnehin schon sehr weit schlagen, und die Verlängerung dann noch mehr Kontrolle kostet. Eine eventuelle Kürzung der Schläger bei kleineren Menschen, die den Ball in der Regel ohnehin schon nicht sehr weit schlagen, kostet dagegen zu viel Länge.

Griffe

Bei den Griffen sollten Sie auf die richtige Dicke achten. Wenn Sie den Schläger mit der linken Hand umfassen, sollten der Mittel- und der Ringfinger den Handteller leicht berühren. Man unterscheidet Ledergriffe und Gummigriffe, die auch zur Hälfte oder ganz mit Cord versehen werden. Ledergriffe werden heute jedoch kaum noch verwendet, da sie bei Nässe sehr schnell seifig werden und sehr pflegeaufwendig sind. Für den Anfänger sind Gummigriffe ohne Cord am besten geeignet, da sie am weichsten sind und so einer extremen Schwielenbildung am besten vorbeugen. Cordgriffe zeichnen sich zwar durch eine bessere Griffigkeit und größere Haltbarkeit aus, sind aber deutlich härter. Einen guten Kompromiß stellen auch die sogenannten Half-Cord-Griffe dar, sie sind nur auf der Unterseite mit Cord versehen.

Wenn der Griffdurchmesser stimmt, sollten die Finger der linken Hand den Handballen leicht berühren

Bälle

Neben speziellen Driving-Range-Bällen stehen drei verschiedene Ballarten zur Verfügung: der Two-piece-Ball, der Three-piece-Ball mit Surlyn-Schale und der Three-piece-Ball mit Balata-Schale.

Der Two-piece-Ball besteht aus einem synthetischen Kern, um den eine Surlyn-Schale gefügt wird. Dieser Ball fliegt am weitesten, besitzt aber in der Regel den geringsten Rückwärtsdrall, ist unzerstörbar, kostengünstig und daher für den Anfänger am besten zu gebrauchen.

Der Three-piece-Ball besteht aus einem manchmal flüssigkeitsgefüllten Gummikern, einem darum gewickelten gedehnten Gummiband und einer Schale aus Surlyn (harter Kunststoff) oder Balata (weicher Naturstoff). Die Bälle, speziell der Balata-Ball, bekommen mehr Rückwärtsdrall, fliegen etwas kürzer, werden schneller unbrauchbar und kosten mehr. Sie eignen sich daher eher für den fortgeschrittenen Spieler.

Two-piece-Ball

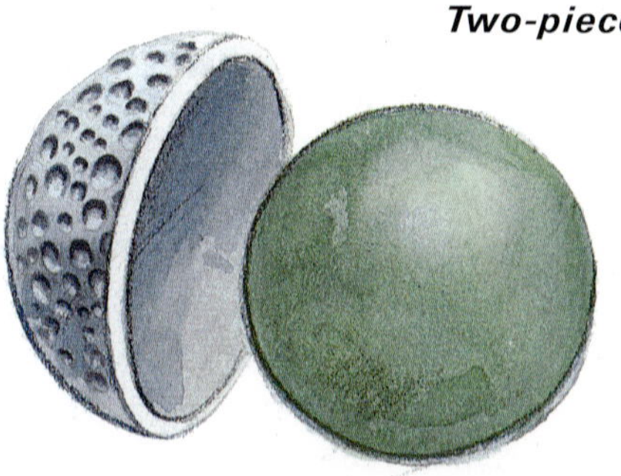

Three-piece-Ball mit festem Kern

Three-piece-Ball mit Flüssigkeitskern

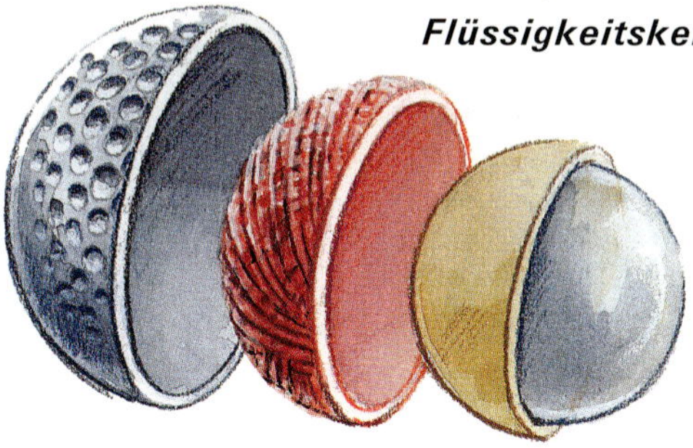

Bekleidung

Prinzipiell kann man Golf auch ohne besondere Bekleidung spielen. So können Sie zu Ihrer ersten Golfstunde in lockerer Freizeitkleidung und Turnschuhen kommen. Wenn man sich dann entschieden hat, regelmäßig Golf zu spielen, sollte man sich eine entsprechende Grundausrüstung zulegen.

Man unterscheidet Lederhandschuhe und Allwetterhandschuhe, die aus Kunstfasern hergestellt sind

Handschuhe

Für Anfänger besonders wichtig ist ein Handschuh, der an der „oberen" Hand (für Rechtshänder links und für Linkshänder rechts) getragen wird. Zwei Handschuhe sind nicht notwendig, da die „untere" Hand nur wenig Kontakt mit dem Schläger hat. Die Mehrheit der Spitzengolfer trägt einen Handschuh, um die Hand zu schützen und um auch bei Schweißbildung einen sicheren Griff zu haben.

Es gibt Lederhandschuhe und Allwetterhandschuhe aus Kunstfasern. Leder ist atmungsaktiver, absorbiert Schweiß besser und läßt sich bei Wärme angenehmer tragen. Allwetterhandschuhe sind für regnerisches Wetter besser geeignet, da Leder bei Nässe schnell „seifig" wird. Bei stärkerem Regen sollte man besser auf einen Handschuh verzichten. Beim Kauf eines Allwetterhandschuhs muß man darauf achten, daß sich der Handschuh durch den Gebrauch noch etwas dehnen wird; Leder behält seine Größe bei. An allen Handschuhen findet man einen abnehmbaren Knopf, der zum Markieren des Balles auf dem Grün dient.

Schuhe

Golfschuhe besitzen kleine Nägel (Spikes) an der Unterseite der Sohle, die für guten Halt auch während der Drehbewegung in hügeligem oder nassem Gelände sorgen. Außerdem schützen sie den Fuß meist besser vor Nässe als normale Turnschuhe. Durch Tau, speziell im höheren Gras (Rough), werden die Schuhe auch an regenfreien Tagen häufig naß. Da man in den Schuhen auf einer vollen Runde circa acht Kilometer zurücklegt, sollte man hier nicht sparen und auf eine gute Paßform achten. Man unterscheidet klassische Golfschuhe, die elegant geschnitten und mit Ledersohlen ausgerüstet sind, und sportlichere Golfschuhe, die eher wie Turnschuhe aussehen und Kunststoffsohlen besitzen. Klassische Schuhe führen beim ersten Tragen meist zu Blasen und sind sehr pflegeaufwendig.

Heutzutage gibt es auch schon Golfschuhe mit Keramik-Spikes, die sich nicht mehr ablaufen. Stahlspikes müssen regelmäßig erneuert werden. Noppenschuhe bieten deutlich weniger Halt und sind nicht zu empfehlen.

Regenbekleidung

Golf ist keine „Schönwetter-Sportart", auch Turniere werden bei Regen nicht abgebrochen. Für das Spiel im Regen empfehlen sich spezielle Regenanzüge, die man über der normalen Kleidung trägt. Am besten eignen sich Anzüge aus Goretex oder Sympatex, da diese Materialien atmungsaktiv sind, das heißt, daß sie Schweiß trotz absolut wasserdichtem Material gut nach außen abgeben. Aus den gleichen Materialien werden auch Regenhüte angeboten. Machen Sie beim Kauf unbedingt einige Golfschwünge in der Regenbekleidung und vergewissern Sie sich, daß Sie nicht in Ihrer Bewegungsfreiheit eingeschränkt werden.

Zur Grundausstattung gehört natürlich auch ein Regenschirm, der beim Golf größer dimensioniert ist, um beim Warten auch die Ausrüstung mit abdecken zu können. Spezielle Halterungen für Regenschirme, die am Caddywagen angebracht werden, haben sich bewährt, da so die Ausrüstung während des Schlages vor Regen geschützt ist. Achten Sie beim Kauf Ihres Golfbags darauf, daß es eine Regenhaube mit zwei Reißverschlüssen besitzt, damit man die Schläger auch seitlich und von oben herausnehmen kann. Für extrem regnerische Tage und sehr matschigen Boden gibt es Gummistiefel mit Spikes, bei denen man aber in bezug auf die Standfestigkeit Kompromisse eingehen muß. Zur Standardausrüstung an Regentagen gehören auch mehrere trockene Handtücher, um Hände und Griffe trocken zu halten.

Ein Golfschuh besitzt an der Unterseite der Sohle 11 Spikes, die beim Schlag für einen sicheren Stand sorgen

Winterbekleidung
Solange kein Schnee liegt und der Boden nicht gefroren ist, kann Golf auch im Winter gespielt werden. Warme Bekleidung, die aber die Bewegungsfreiheit möglichst wenig einschränkt, ist besonders wichtig, da das Golfspielen alleine den Körper nicht warm genug hält. Man trägt am besten lange Unterwäsche, zwei Paar Socken, eine Regenhose (über der normalen Hose), mehrere leichte Pullover (statt eines dicken) – davon einen mit Rollkragen und den obersten mit windabweisendem Material beschichtet –, eine Pudelmütze und (zwischen den Schlägen) ein Paar Überhandschuhe.

Golfutensilien

In die Hosentasche gehören mehrere Tees aus Holz, eine Pitchmarkgabel zum Entfernen der Einschlaglöcher (Pitchmarken) auf dem Grün, ein Ballmarker, mit dem der Ball auf dem Grün markiert werden kann, und – falls nicht im Score-Kartenhalter am Caddywagen – eine Score-Karte und ein Bleistift.

Golfbag

Man unterscheidet Golftaschen (Bags) zum Tragen von solchen, die nur auf einem Caddywagen transportiert werden können. Wenn man sein Bag trägt, hat das neben dem sportlichen Training den Vorteil, daß man schneller spielen kann, weil man mit einer Tragetasche Abschläge, Grüns und Vorgrüns überqueren darf, was mit einem Caddywagen nicht erlaubt ist. Dies spart bei 18 Loch circa 15 Minuten ein. Ein komplettes Set wiegt inklusive Zubehör allerdings schon fast 10 Kilogramm, weshalb ein Golfbag eigentlich nur für kräftige, durchtrainierte Menschen infrage kommt. Für Tragetaschen gibt es praktische Ständer, die sich automatisch aus- und einklappen, so daß die Tasche nicht auf nassen oder schmutzigen Untergrund gelegt werden muß. Darüber hinaus werden sie jetzt auch mit Doppelgurten angeboten, die eine ungleichmäßige Belastung verhindern und das Tragen erheblich angenehmer machen.

Größere Taschen werden mit Durchmessern zwischen 7 und 12 inch (1 inch = 2,54 cm) angeboten, wobei Größen über 10 inch fast nur von Pros benutzt werden. Amateure verwenden vorwiegend Taschen mit einem Durchmesser von 8 inch. Ledertaschen findet man nur noch sehr selten, da sie viel pflegeintensiver, schwerer und erheblich teurer sind als Kunststofftaschen. Für Vielreisende sind auch Komplettlösungen, die Caddywagen und -tasche miteinander verbinden und sich sehr einfach zusammenklappen lassen, sehr praktisch. Zum Lieferumfang aller Bags gehören meist farblich abgestimmte Schlägerhauben für die Hölzer und eine anknöpfbare Regenhaube.

Caddywagen

Die Auswahl Ihres Caddywagens sollten Sie von der Größe Ihrer Tasche und der Unterbringungsmöglichkeit in Ihrem Club abhängig machen. Es gibt Modelle, bei denen der Wagen zusammengeklappt werden kann, ohne daß die Tasche abmontiert werden muß. Wenn Sie auch im Ausland spielen wollen, empfehle ich Ihnen einen Wagen mit breiten Rädern, da manche Clubs keine schmalen Reifen gestatten. Viele Wagen sind mit praktischen Score-Kartenhaltern ausgestattet, in denen auch Bleistift, Bälle und Tees Platz finden.

Seit kurzem gibt es Wagen aus Titan, die aber sehr teuer sind; zudem ist die Gewichtsersparnis nicht sehr groß.

Immer populärer werden Elektrowagen, die es auch älteren und gehbehinderten Menschen – speziell auf hügeligen Plätzen – ermöglichen, ohne Probleme eine komplette Runde zu bewältigen.

Was braucht der Anfänger?

Wenn Sie sich noch nicht sicher sind, ob Sie den Golfsport dauerhaft betreiben wollen, reicht anfangs eine Grundausrüstung, die aus einem halben – eventuell gebrauchten – Golfset, einer Tragetasche, einem Paar Golfschuhe, einem Handschuh und ein paar kleineren Utensilien (Bälle, Tees etc.) besteht und für deutlich unter 1000 Mark zu bekommen ist. Bei den Kosten darf man aber Übungsbälle, eventuell fällige Driving-Range-Gebühren und die Trainerstunden nicht vergessen.

DIE LANGEN SCHLÄGE

Gelungene lange Schläge, bei denen der Ball aus großer Entfernung neben der Fahne landet, sind ein besonderes Erlebnis, auch wenn sie für den Score nicht immer entscheidend sind.

Treffmomentfaktoren, Geometrie und Wiederholbarkeit des Schwungs

Das einzige Ziel des Golfschwunges besteht darin, den Schlägerkopf richtig und wiederholbar an den Ball zu bringen.

Das Schlägerblatt muß den Ball mit hoher Geschwindigkeit mit dem Sweet Spot treffen, wobei es in Richtung Ziel zeigt und schwingt.

Die Faktoren, um die Sie sich bewußt kümmern müssen, sind:

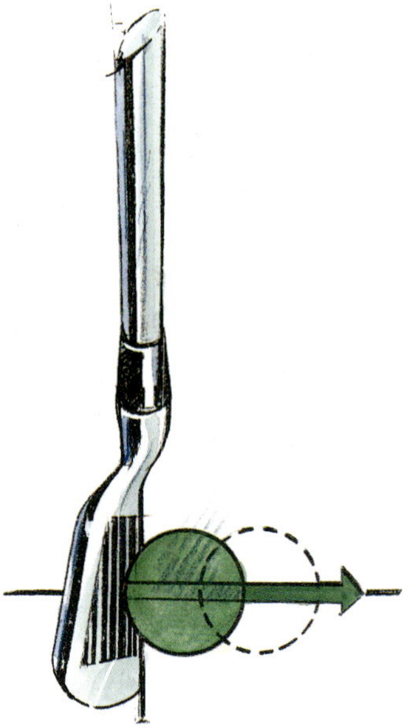

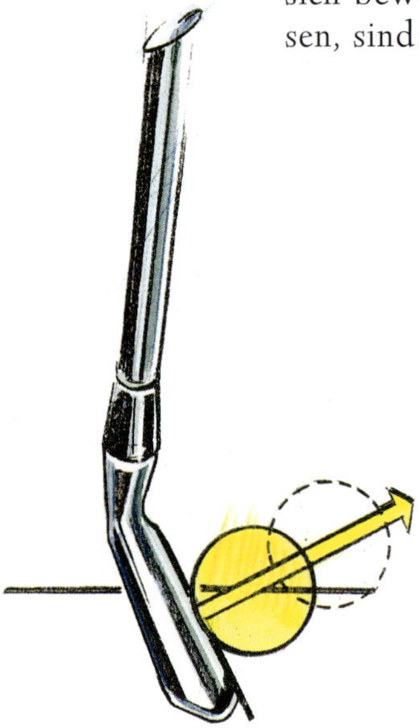

Die Stellung der Schlagfläche im Treffmoment ist der wichtigste Faktor für die Start- und Drehrichtung des Balles

Der Schläger-kopf muß sich im Treffmoment in Richtung Ziel bewegen. Er darf sich weder nach links oder rechts ...

1. Die Schlägerblattstellung im Treffmoment: Wenn das Schlägerblatt nicht in Richtung Ziel zeigt, wird der Ball in eine falsche Richtung starten und während des Fluges noch weiter abdrehen.

2. Der Einfallswinkel des Schlägers in den Ball: Wenn der Schläger sich im Treffmoment nicht in die richtige Richtung bewegt, wird der Ball nicht in die richtige Richtung starten, und die Kraft des Schlägerkopfes wirkt nicht in Zielrichtung.

...noch von unten nach oben oder extrem von oben nach unten bewegen, damit der Ball die richtige Flugkurve bekommen kann

Damit der Schläger richtig an den Ball kommen kann, müssen bestimmte (geometrische) Voraussetzungen erfüllt werden:

1. Da der Ball vor dem Golfer liegt, bewegt sich der Schläger auf einer kreisähnlichen Bahn um den Körper herum und schwingt von innen nach innen durch den Ball.

2. Da der Ball auf dem Boden liegt, bewegt sich der Schläger beim Ausholen nach oben, beim Abschwung wieder nach unten und im Durchschwung wieder nach oben.

3. Da sich der Schläger auf einer kreisähnlichen Bahn bewegt, muß er sich während des Ausholens öffnen und in der Vorwärtsbewegung wieder schließen.

Damit der Schläger nicht nur richtig an den Ball kommt, sondern auch regelmäßig, muß die hierfür verwendete Bewegung möglichst einfach sein. Hierzu sollte sich der Körper um die fixierte Wirbelsäule drehen und die Schräge des Schlägers während des Schwunges unverändert bleiben.

Da der Ball vor dem Golfer auf dem Boden liegt, bewegt sich der Schläger auf einer kreisähnlichen, schrägen Bahn um den Körper

Während des Schwunges soll sich die Schräge des Schlägers und die Position der Wirbelsäule nicht verändern

Griff

Der Griff ist die entscheidende Voraussetzung für eine hohe Schlägerkopfgeschwindigkeit und ein gerades Schlägerblatt im Treffmoment, also für Länge und Richtung. Es gibt ein Grundkonzept, das für alle Golfer zutrifft, und zwei individuelle Anpassungen, die vom vorherrschenden Ballflug und der Anatomie der Hände abhängen.

Der Schläger-griff verläuft schräg durch die linke Hand

Grundlegende Grifftechnik

Der Schlägergriff verläuft schräg durch die linke Hand. Am unteren Berührungspunkt kreuzt er das erste Glied des Zeigefingers und liegt am oberen Ende direkt unter dem Handballen. Um den Schläger sicher in diese Stellung zu bringen, lassen Sie den linken Arm locker an der linken Körperseite herunterhängen, krümmen leicht die Finger und lassen dann den Schläger in die Finger fallen. Das Schlägerblatt muß dabei rechtwinklig zur Ziellinie ausgerichtet sein. Hierbei liegen dann der Hand- und Daumenballen sowie der Daumen automatisch oben auf dem Griff. Der Schläger wird zwischen Handballen, Daumenballen und Daumen von oben und den Fingern von unten eingeklemmt. Den linken Daumen legen Sie leicht rechts von der Mitte auf die Oberseite des Schlägergriffes. Wenn Sie den Schläger nun mit der linken Hand genau mittig vor den Körper halten, so können Sie bei einem neutralen (nicht verdrehten) Griff die Knöchel des Zeige- und Mittelfingers gut sehen. Das aus Daumen und oberer Handkante (Verlängerung des linken Zeigefingers) gebildete „V" zeigt bei einem neutralen Griff auf die Mitte des rechten Schlüsselbeins. Sind nun mehr oder weniger Knöchel zu sehen, so ist die Hand zu sehr nach rechts beziehungsweise nach

Die linke Hand wird an der linken Körperseite an den Schläger gelegt

links gedreht. Außerdem darf aus dieser Perspektive über die gesamte Handlänge nichts mehr vom Schlägergriff zu sehen sein, sonst ist entweder die Hand zu weit nach links verdreht, oder der Kleinfingerballen liegt nicht auf, sondern links neben dem Griff.

Um die rechte Hand an den Schläger zu legen, halten Sie den Schläger mit der linken Hand vor die Mitte des Körpers. Nun legen Sie als erstes Mittel- und Ringfinger mit dem ersten Glied von unten an den Punkt des Griffes, der sich auf der gegenüberliegenden Seite des linken Daumens befindet. Sobald Sie diese beiden Finger geschlossen haben, berühren ihre Spitzen den linken Daumen an dessen linker Seite. Der rechte kleine Finger wird beim Overlapping-Griff in den Spalt zwischen Zeige- und Mittelfinger der linken Hand gelegt. Anschließend wird der Handteller der rechten Hand so über den linken Daumen gelegt, daß der rechte Daumenballen auf der linken Oberseite des linken Daumens ruht. Der Kleinfingerballen der rechten Hand liegt auf der rechten Seite des linken Daumens. Der rechte Daumen kommt nun auf der linken Seite des Griffes zur Ruhe, und der rechte Zeigefinger wird, leicht abge-

Bei einem neutralen Griff kann man die Knöchel des Zeige- und Mittelfingers sehen

Mittel- und Ringfinger der rechten Hand werden von unten an den Griff gelegt ...

spreizt, auf die rechte Seite des Griffes gelegt. Daumen und Zeigefinger berühren sich bis auf Höhe des Daumenendgelenks.

Nun können Sie mit der rechten Hand den selben Test machen wie vorher mit der linken:
Halten Sie den Schläger genau vor die Mitte des Körpers. Sie müßten nun, ohne daß Sie den Kopf bewegen, bei einem neutralen Griff die Knöchel des Zeige- und Mittelfingers sehen. Daumen und Zeigefinger der rechten Hand bilden miteinander ein „V“, das bei einem neutralen Griff in etwa auf die Mitte des rechten Schlüsselbeins zeigt.

Die Handrücken stehen nun wie bei einem Spitzdach in einem Winkel von circa 30° zueinander. Eine häufig beschriebene Griffhaltung, bei der die beiden Handrücken wie beim Klatschen parallel zueinander am Schläger liegen, ist unphysiologisch und beeinträchtigt das Abwinkeln der Handgelenke erheblich. Beide Hände sollten nun eine Einheit bilden, denn sie sind zu gleichen Teilen am Schwung beteiligt. Mit dem richtigen Griff sollte es Ihnen nun leichtfallen, den Schläger nur durch das Abwinkeln der Handgelenke zur Daumenseite vom Boden aus anzuheben und abzusenken.

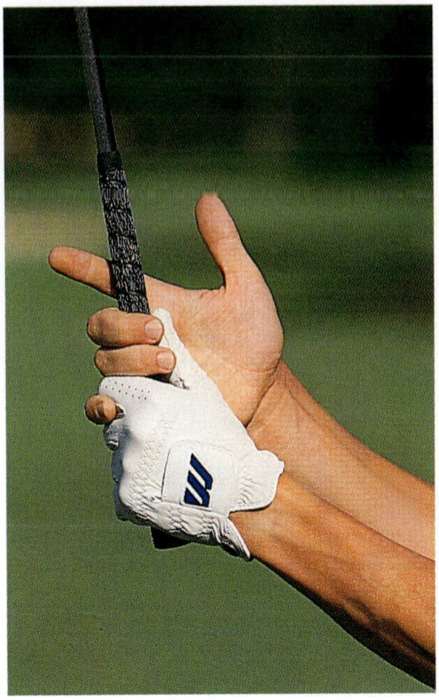

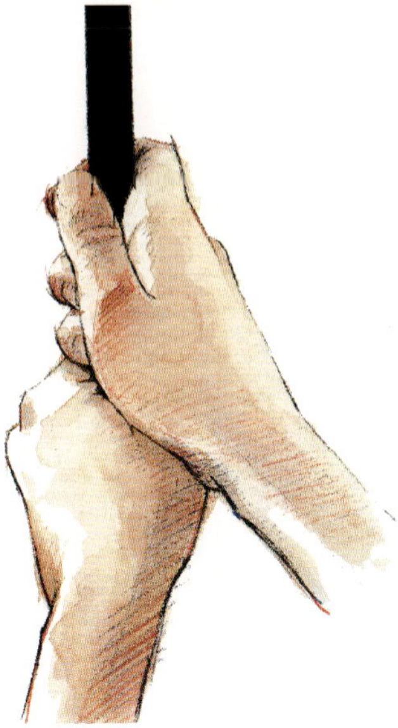

... und schließen dann mit dem linken Daumen ab

Beim kompletten Griff müssen aus der Sicht des Spielers auch bei der rechten Hand die Knöchel des Zeige- und Mittelfingers zu sehen sein

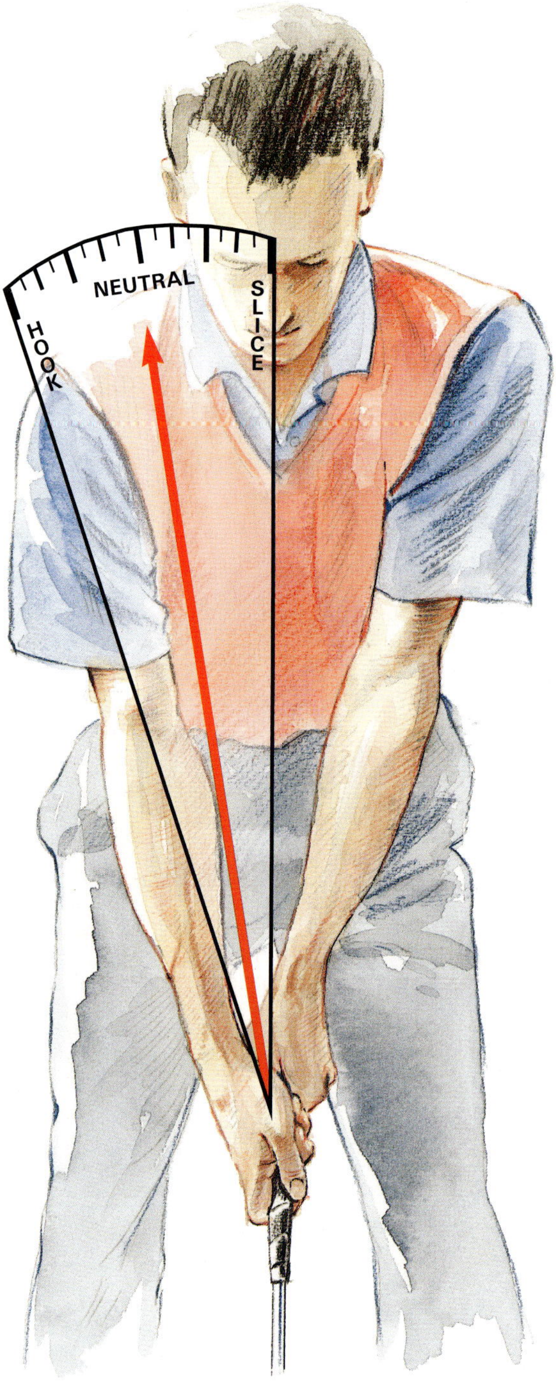

Die Drehung der Hände am Schläger beeinflußt den Ballflug: Bei einem neutralen Griff zeigen die „V" auf das rechte Schlüsselbein

Individuelle Anpassung des Griffs

Die Position der Hände am Schlägergriff (Drehung nach links oder rechts) muß auf den Ballflug abgestimmt werden, da ein Anfänger, bei dem sich das Schlägerblatt in der Vorwärtsbewegung meist nicht genügend schließt, den Schläger nicht genauso greifen kann wie ein Tourspieler, der gegen einen Hook ankämpft.

Beginnen Sie mit dem neutralen Griff, bei dem die „V" beider Hände ungefähr auf die Mitte des rechten Schlüsselbeins zeigen. Sollten Sie am Ballflug feststellen, daß dieser Griff das Schlägerblatt nicht genügend schließt, der Ball also häufig nach rechts abdreht, so drehen Sie beide Hände am Schläger so weit nach rechts, bis die „V" auf Ihre rechte Schulter zeigen. Dreht der Ball bei einem neutralen Griff ständig nach links, so drehen Sie die Hände so weit nach links, bis die „V" auf Ihr Kinn zeigen.

Die zweite individuelle Anpassung betrifft den kleinen Finger der rechten Hand. Golfer, die sehr kleine Hände haben, können beim Overlapping-Griff (der rechte kleine Finger liegt in dem Spalt zwischen linkem Zeige- und Mittelfinger) Probleme bekommen, da der rechte kleine Finger zu kurz ist und dauernd aus dem Spalt herausrutscht.

Beim Overlapping-Griff liegt der kleine rechte Finger in dem Spalt zwischen linkem Zeige- und Mittelfinger

In diesem Fall bietet sich der Interlocking-Griff an, bei dem der kleine Finger der rechten Hand mit dem Zeigefinger der linken Hand verschränkt wird. So ist auch bei kleinen Händen der Zusammenhalt der beiden Hände gewährleistet. Bei extrem kleinen Händen kann auch diese Alternative unzureichend sein. Hier bietet sich der Zehnfingergriff an, bei dem alle Finger am Schläger liegen, der rechte kleine Finger und der linke Zeigefinger sich aber trotzdem berühren.

Beim Interlocking-Griff wird der kleine Finger der rechten Hand mit dem Zeigefinger der linken Hand verschränkt

Beim Zehnfingergriff liegen alle Finger am Schläger

Der Schläger befindet sich zwischen linkem Zeigefinger und Handballen in der Selbsthemmung

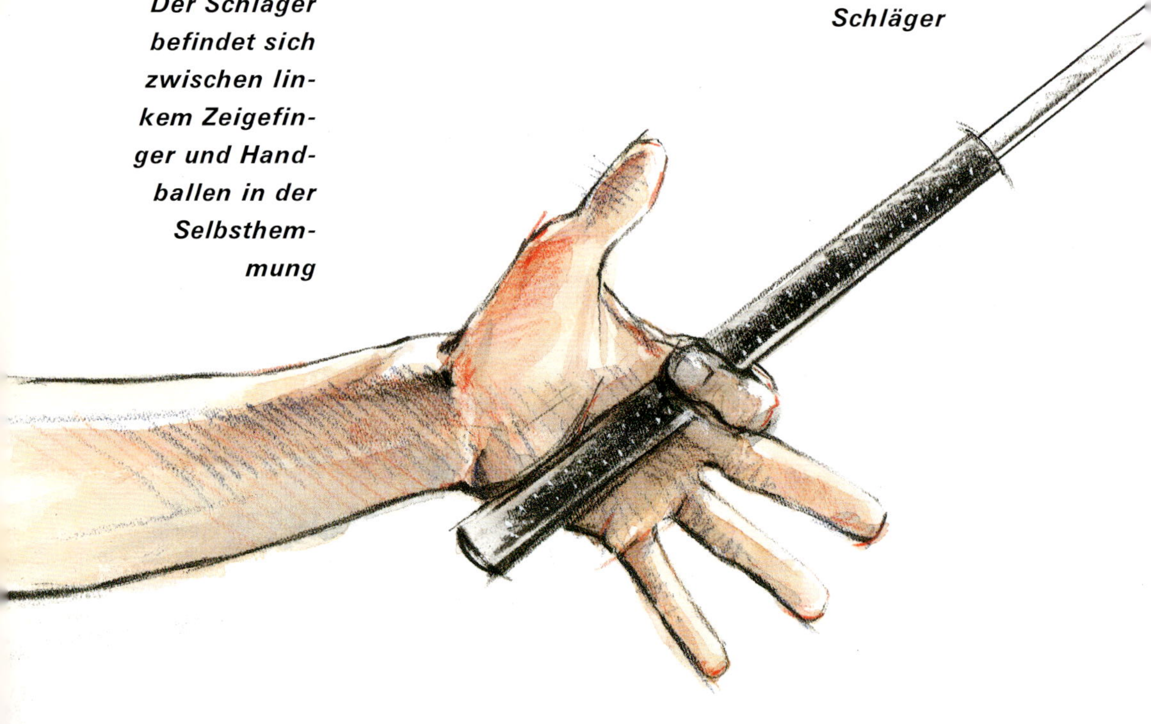

Griffdruck

Damit sich die Handgelenke und Unterarme während des Schwunges richtig bewegen können, darf der Griffdruck nur so groß sein, daß der Schläger nicht aus der Hand rutscht.

Verdreht sich der Schläger im Treffmoment in den Händen, so liegt dies nicht an einem zu lockeren Griff, sondern daran, daß der Ball nicht mit dem Sweet Spot des Schlägers getroffen wurde. Die Kraft, die in diesem Fall auf die Hacke oder die Spitze des Schlägerkopfes einwirkt, ist so groß, daß selbst ein extrem fester Griff das Verdrehen des Schlägers nicht verhindern kann.

Der Druck der linken Hand wird hauptsächlich durch Zeigefinger und Kleinfingerballen ausgeübt. Da der Schläger schräg durch die Hand läuft, ist er zwischen beiden eingeklemmt (Selbsthemmung).

Mittel- und Ringfinger der rechten Hand üben den größten Druck auf den Schläger aus. Daumen und Zeigefinger werden nur auf Höhe des Daumengelenks leicht gegeneinander gedrückt.

Der Druck nimmt während des Abschwungs von alleine zu, da der Schlägergriff konisch zuläuft. Das heißt, er wird zum Griffende hin dicker, und zieht sich durch die Keilform fester in die Hände.

Griff

- *Der Griff kontrolliert die Schlagfläche (Richtung) und ermöglicht das Abwinkeln der Handgelenke (Schlaglänge).*
- *Greifen Sie den Schlägergriff so, daß er in der linken Hand zwischen den Fingern auf der einen und Daumen, Daumen- und Handballen auf der anderen Seite eingeklemmt und hauptsächlich in den Fingern der rechten Hand gehalten wird.*
- *Die beiden „V" zeigen bei einem neutralen Griff auf das rechte Schlüsselbein.*
- *Greifen Sie den Schläger nicht fester als beim Händeschütteln.*

Haltung und Stand

Während der Griff für die Schlägerblattausrichtung im Treffmoment verantwortlich ist, so sind Haltung, Stand und Ausrichtung die entscheidenden Faktoren für den Schlägerweg.

Haltung

Eine richtige Haltung, die die richtigen Schwungebenen vorgibt, erreichen Sie, indem Sie sich durch entsprechende Winkelstellungen von Knie- und Hüftgelenken kleiner machen.

Beim Golf geht man nicht in die Knie, sondern in die Oberschenkel, ohne die Knie nennenswert nach vorne zu bringen

Beim Golf geht man jedoch nicht im herkömmlichen Sinn „in die Knie", man geht vielmehr – wie ich es nenne – „in die Oberschenkel".
Dazu werden die Beine in den Kniegelenken angewinkelt, ohne die Knie nennenswert nach vorne zu bringen. Das Becken wird so weit nach hinten abgesenkt, bis sich die seitlichen Hosennähte senkrecht über den Fersen befinden. Die Kniescheiben sind dann senkrecht über den Fußballen, und das Körpergewicht liegt überwiegend auf den Fersen.

Der in dieser Form noch schlechte Stand wird nun durch den richtigen Hüftwinkel korrigiert, indem man den Oberkörper so weit nach vorne beugt, daß sich – aus der seitlichen Perspektive gesehen – die Schultern senkrecht über den Kniescheiben befinden. Dabei darf man weder den Rücken stark krümmen noch ein Hohlkreuz bilden und die Haltung des Unterkörpers nicht verändern. Die Wirbelsäule ist nun um etwa 30° nach vorne geneigt.

Die korrekte Haltung beim Golf ist zu Anfang nicht bequem. Die meisten Golfer verspüren zuerst eine leichte Spannung im oberen Lendenbereich. Dies zeigt an, daß die entsprechenden Muskeln stärker beansprucht werden. Die Spannung wird nach einiger Zeit von selbst verschwinden.

Die Arme können in der richtigen Haltung entspannt und fast senkrecht herunterhängen. Die Oberarme haben mit dem Oberkörper auf halbem Weg zum Ellenbogen engen Kontakt. Zwischen den Oberschenkeln und den Händen sollte etwa eine Faust Platz haben. Wenn dies alles beachtet wird, der Schläger mit seiner ganzen Sohle auf dem Boden aufliegt und das Körpergewicht auf Fersen und Ballen gleichmäßig verteilt ist, stimmt auch der Abstand zum Ball.

Weiterhin ist zu beachten, daß sich in der richtigen Haltung aus der seitlichen Perspektive zwischen Unterarmen und Schläger ein Winkel gebildet hat. Die Haltung bleibt bei den vollen Schlägen bei allen Schlägern gleich, denn die Schläger sind so konstruiert, daß das Griffende unabhängig von der Schaftlänge immer den gleichen Abstand zum Boden hat.

Aus seitlicher Perspektive sollte sich der Kopf in gerader Verlängerung der Wirbelsäule befinden. Viele Golfspieler senken den Kopf zu stark nach unten, um den Ball besser sehen zu können. Man sollte jedoch den Ball relativ „hochnäsig" anschauen, da die linke Schulter bei der folgenden Körperdrehung unter das Kinn passen soll, ohne daß sich die Schultern auf einer zu steilen Ebene drehen. Golfspieler, die ständig dazu angehalten werden, ihren Kopf während des Schwunges still und „unten zu lassen", vergraben ihr Kinn schon beim Ansetzen in der Brust.

In der richtigen Haltung befinden sich die Hüftknochen über den Fersen und die Schultern über den Kniescheiben und den Fußballen

Von vorne gesehen sollten die Augen eine waagerechte Linie bilden, das heißt, der Kopf sollte nicht seitlich gekippt werden, da dadurch zum einen das Gleichgewichtsgefühl beeinträchtigt und zum anderen die Startrichtung des Schlägers durch einen falschen Blickwinkel negativ beeinflußt wird.

Die komplette Haltung aus der seitlichen Perspektive

Stand
Hinsichtlich der Standbreite muß man einen Kompromiß zwischen gutem Drehvermögen und hoher Standfestigkeit finden. Je weiter die Füße auseinander stehen, desto sicherer wird zwar der Stand, aber um so schwieriger wird es, sich komplett aufzudrehen. Daher liegt die optimale Standbreite bei den meisten Golfern ungefähr im Bereich der Schulterbreite. Das heißt, daß sich die Schienbeine (also die Mitte der Füße) senkrecht unter den Außenseiten der Schultern befinden.

Sportliche Golfer stehen etwas breiter; eher unbewegliche etwas schmaler. Diese Angaben beziehen sich auf Schläge mit mittleren Eisen (Eisen 7–5).

Bei längeren Schlägern ist der Stand etwas breiter, bei kürzeren etwas schmaler.

Der linke Fuß wird etwa 25° nach außen gedreht, um das „Aus-dem-Weg-drehen" der unteren Körperhälfte in der Vorwärtsbewegung zu erleichtern. Der rechte Fuß wird fast senkrecht zur Ziellinie gestellt und fast gar nicht nach außen gedreht, da die untere Körperhälfte beim Ausholen weniger gedreht wird als bei der Vorwärtsbewegung. Zudem bietet der Fuß in dieser Stellung einen besseren Widerstand als dies bei einem nach außen gedrehten Fuß der Fall wäre.

Da die rechte Hand den Schläger weiter unten greift als die linke, befindet sich auch die rechte Schulter etwas unterhalb der linken. Dies führt dazu, daß der ganze Oberkörper circa 5° nach rechts gekippt ist.

Bei Schlägen mit mittleren Eisen steht man schulterbreit. Die Hände sind leicht links von der Körpermitte

Bei kurzen Eisen liegt der Ball in der Mitte des Standes; bei Hölzern leicht innerhalb des linken Absatzes; bei mittleren und langen Eisen zwischen Mitte des Standes und linkem Absatz

Die Lage des Balles ist abhängig von der Länge des gewählten Schlägers.

Je kürzer der Schläger ist, desto steiler sollte der Eintreffwinkel sein, denn dies sorgt für einen stärkeren Rückwärtsdrall. Deshalb sollte der Ball bei einem Schlag mit einem kurzen Eisen (Sand-Wedge – Eisen 8) in der Mitte des Standes liegen. Schlägt man zum Beispiel mit einem Holz, so ist die Schlagweite wichtiger als der Rückwärtsdrall. Der Ball wird deshalb bei einem Schlag mit einem Holz leicht rechts vor die Innenseite des linken Schuhabsatzes gelegt. Dies bewirkt, daß er ungefähr im Scheitelpunkt des Schwungbogens des Schlägers getroffen wird und so kaum Kraft verlorengeht. Bei langen und mittleren Eisen ist die optimale Lage des Balles zwischen diesen beiden Positionen.

Die Lage des Balles beeinflußt auch die Schulterausrichtung. Liegt der Ball beispielsweise zu weit links, so wird der Schultergürtel weit links am Ziel vorbeizeigen.

Wenn der Ball zu weit links liegt, zeigt der Schultergürtel links am Ziel vorbei (Pull/Slice)

Wenn der Ball zu weit rechts liegt, zeigt der Schultergürtel rechts am Ziel vorbei (Push/Hook)

Die Verbindungslinien der Schultern, Unterarme, Hüftknochen, Knie und Füße müssen parallel zur Ziellinie sein

hat man sich, eine Standbreite von einem halben Meter vorausgesetzt, bei einem 150 Meter entfernten Ziel schon 15 Meter zu weit nach links oder rechts ausgerichtet!

Nachfolgend nun die einzig richtige Vorgehensweise beim Zielen:

Nach einem eventuellen Probeschwung begibt sich der Golfer vom Ziel aus gesehen hinter seinen Ball. Von hier aus sucht er sich ein sogenanntes Zwischenziel, das 20–100 cm vor dem Ball auf der Ziellinie liegt. Ein Zwischenziel kann zum Beispiel ein altes Divot, ein hervorstechender Grashalm oder ein loser Naturstoff sein. Nachdem der Spieler dieses Hilfsziel bestimmt hat, greift er seinen Schläger und setzt die Schlagfläche so hinter den Ball, daß sie genau zum Zwischenziel ausgerichtet ist. Der Grund für diese Vorgehensweise ist einleuchtend: Es ist natürlich viel leichter, den Schläger auf ein maximal 1 Meter entferntes Ziel auszurichten als auf ein 150 Meter entferntes.

Um sich diese etwas zeitaufwendige Prozedur beim Üben zu ersparen, kann man sich einen Schläger vor die Füße legen, der parallel zur Ziellinie ausgerichtet ist.

Auf dem Platz sucht man sich aus dieser Position ein Zwischenziel, das nicht weiter als einen Meter entfernt sein sollte

Ausrichten

Mit der Schlagfläche postiert der Spieler auch seinen rechten Fuß genau senkrecht zur Ziellinie. Anschließend geht sein Blick über das Zwischenziel sofort wieder zum eigentlichen Ziel. Der Körper ist in dieser Haltung leicht links vom Ziel ausgerichtet. Im nächsten Schritt wird nun der linke Fuß in seine endgültige Position gebracht, und anschließend wird der rechte Fuß so korrigiert, daß die Standposition stimmt. Nun ist der Körper parallel zur Ziellinie ausgerichtet. Dies bedeutet, daß die Verbindungslinien der Schultern, Hüften, Knie, Füße und der Unterarme parallel zur Ziellinie verlaufen.

Jetzt blickt man nochmals zum Ziel. Bei vielen Anfängern ist der Körper in dieser Phase kurz vor dem Schlag verkrampft. Ein guter Spieler steht dagegen entspannt am Ball. Einige trippeln mit den Füßen; andere bewegen den Schläger auf und ab oder führen einen sogenannten „Waggle“ aus.

Das ist eine Bewegung aus den Unterarmen und Handgelenken, bei der der Schläger hin und her pendelt. Bei verkrampften Händen und Unterarmen wird der Schläger nicht hin und her pendeln, sondern sich nur sehr stockend und ruckartig bewegen, was dem Golfer dann sofort auffallen würde.

Jeder Spieler sollte seine individuellen Vorbereitungsmaßnahmen treffen, um schließlich konzentriert, aber dennoch entspannt den Schwung ausführen zu können.

Schlägerblatt und rechter Fuß werden als erstes rechtwinklig zur Ziellinie ausgerichtet

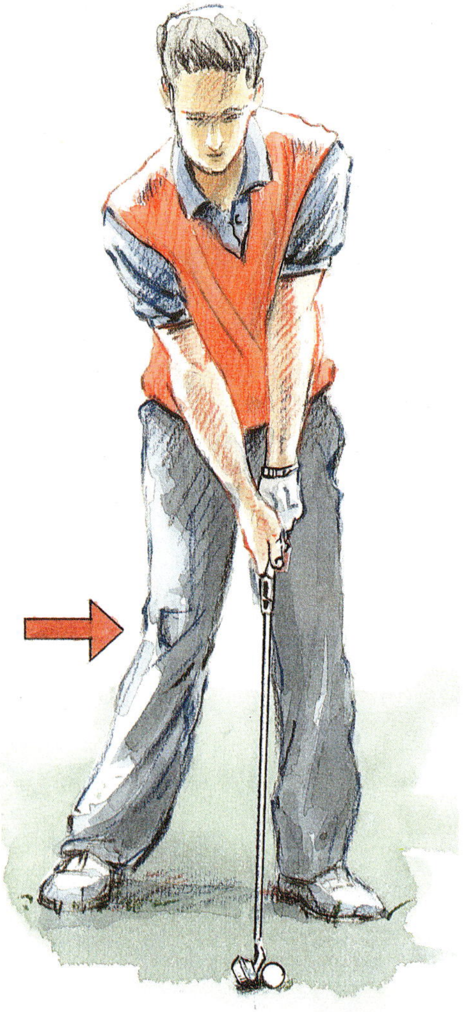

Als Auslöser kann man das rechte Knie oder die ganze untere Körperhälfte mit dem Schlägerschaft nach links verschieben

Auslösen

Ein weiteres Problem beim Golf besteht darin, aus einer ruhigen Ausgangsposition sofort eine fließende, rhythmische Bewegung auszuführen. Bei anderen Ballsportarten (Tennis, Fußball, Basketball etc.) befindet man sich meist schon lange vor dem Ballkontakt in Bewegung. Um dieses Problem etwas besser in den Griff zu bekommen, leiten viele Golfer ihren Schwung mit einem sogenannten Auslöser ein. Dies ist irgendeine Bewegung unmittelbar vor dem Beginn der Ausholbewegung. Einige drücken das rechte Knie in Richtung Ziel, bevor sie starten; andere bewegen den Schläger auf und ab und setzten ihn erst als Auslöser auf den Boden. Häufig wird auch ein „Forward-Press" als Auslöser benutzt, sprich: Man schiebt die Hände ein wenig in Richtung Ziel, bevor man mit dem Ausholen beginnt. Dies sollte allerdings nur dann gemacht werden, wenn der Schläger trotzdem auf der richtigen Bahn zurückgenommen wird.

Es ist nicht unbedingt von Vorteil, daß der Ball beim Golf unbeweglich auf dem Boden liegt. Es wirft gleichermaßen Probleme auf, nicht zuletzt mentaler Art. Vor dem Schlag bleibt viel Zeit, darüber nachzudenken, was alles schiefgehen könnte. Ziel ist es also, durch einen ganz genau festgelegten Ablauf (Greifen, Probeschwung, Zielen, Ausrichten, Auslösen) vor dem Schlag dafür zu sorgen, daß auch der folgende Schwung immer gleich abläuft (und keine Zeit mehr bleibt, über die Folgen eines eventuellen Fehlschlages nachzudenken). Führt man jedoch die Vorbereitung bei jedem Schlag unterschiedlich aus, ist es sehr wahrscheinlich, daß auch der Schwung jedes Mal anders ausfällt.

Vor dem Schwung

- *Legen Sie vor jedem Schlag auf dem Platz und der Range ein genaues Ziel fest.*
- *Suchen Sie sich aus der Perspektive hinter dem Ball ein maximal 1 Meter entferntes Zwischenziel.*
- *Richten Sie zuerst den Schläger auf das Zwischenziel aus und dann den Körper rechtwinklig zur Leading-Edge.*
- *Leiten Sie Ihren Schwung mit einem „Auslöser" ein.*

Während des Schwunges werden vier Grundbewegungen ausgeführt, die den Schläger auf die richtige Ebene bringen

Schwung

So kompliziert der Golfschwung manchmal auch erscheinen mag, eigentlich sind es nur vier Grundbewegungen, die während des Schwunges ausgeführt werden müssen.

Vier Grundbewegungen

1. Der Körper muß sich in der Ausgangshaltung um die Wirbelsäule drehen. Beim Ausholen baut sich hierbei eine muskuläre Spannung zwischen oberer und unterer Körperhälfte auf, da sich der Oberkörper ungefähr doppelt so weit aufdreht (90°–100°) wie die untere Körperhälfte (45°–55°). Die Energie dieser Spannung wird dann beim Abschwung gewissermaßen freigegeben und bildet die Voraussetzung für eine große Schlägerkopfgeschwindigkeit. Alle Körperteile, die sich vor der Wirbelsäule als Drehachse befinden (zum Beispiel Brust und Kopf), bewegen sich dann beim Ausholen nach rechts und beim Ab- und Durchschwung nach links.

2. Beim Ausholen werden die Handgelenke in Richtung der Daumenseite, beim Abschwung zur Kleinfingerseite abgewinkelt. Die Handgelenke machen aus dem Golfschwung ein Zweihebelsystem und können somit die von Körper und Armen erzeugte Kraft vervielfachen.

3. Die Unterarme rotieren beim Ausholen im Uhrzeigersinn und bei der Vorwärtsbewegung in umgekehrter Richtung. Dies sorgt dafür, daß der Schläger während des Schwunges immer in der gleichen Schräge bleibt.

4. Die Arme lösen sich beim Ausholen vom Körper nach oben, wobei sich der linke Arm dann im höchsten Punkt der Ausholbewegung von der Seite gesehen in der gleichen Schräge befindet wie der Schlägerschaft in der Ansprechposition. Der Abstand der Oberarme zum Körper muß sich hauptsächlich in der zweiten Hälfte der Ausholbewegung vergrößern, damit die Arme auf die richtige Ebene kommen. Diese Ebene (die Schräge entspricht dem Lie des benutzten Schlägers, also zwischen 55 und 63°) ist damit steiler als die Ebene, in der sich die Schultern drehen. Entsprechend dem Lösen der Arme vom Körper nach oben beim Ausholen, müssen die Arme beim Abschwung dem Körper wieder näher kommen und nach unten schwingen.

Bei vielen Golfern kann man Schwünge beobachten, die neben den beschriebenen

Dieses Modell zeigt die Ebenen des Schlägers, der Arme und der Schultern

vier Grundbewegungen zusätzliche, allerdings unnötige Bewegungen aufweisen. Natürlich ist es so auch möglich, gute Bälle zu schlagen, doch leidet verständlicherweise die Beständigkeit, wenn überflüssige Bewegungen und daraus resultierende Kompensationen den Schwung unnötig verkomplizieren.

Ebenen

Der wichtigste Begriff in der Diskussion um die Golftechnik ist die „Ebene“. Es gibt drei wichtige: die Schläger-, die Arm- und die Schulterebene. Auf alle drei werde ich bei der Besprechung des Schwunges ausführlich eingehen. Damit Sie jedoch gleich einen Überblick bekommen, will ich an dieser Stelle das Grundkonzept erläutern.

Schlägerebene

Eines der wichtigsten Prinzipien im Golf lautet:

Der Schlägerschaft soll sich während des Schwunges immer in der gleichen Schräge befinden, die er zu Beginn in der Ansprechposition hatte. Ist der Schläger parallel zum Boden, so soll er auch parallel zur Ziellinie sein.

Wenn Sie also Ihren Schwung an einem beliebigen Punkt anhalten, dann soll der Schlägerschaft mit dem Boden noch den selben Winkel bilden, wie es der Lie des Schlägers vorgibt.

Wenn der Schläger parallel zum Boden ist (dies ist der Fall, wenn der Schläger in der Ausholbewegung 90° beziehungsweise 270° zurückgelegt hat und sich im Abschwung 90° vor dem Ball befindet), so muß er auch parallel zur Ziellinie ausgerichtet sein.

Der Schlägerschaft befindet sich während des ganzen Schwunges in seiner ursprünglichen Schräge

Wenn der Schläger immer in derselben Schräge bleibt, ist die Wahrscheinlichkeit sehr groß, daß er auch wieder genau an seinem Ausgangspunkt eintrifft. Ist der Schläger jedoch auf einer zu flachen Ebene (Schlägerschaft zu horizontal), so wird er meist zu weit nach außen schwingen und den Ball nur mit der Hacke treffen und auch zu wenig nach unten schwingen, also meist zu wenig Boden mitnehmen. Zusätzlich ergibt sich bei einem zu flach schwingenden Schläger meist auch zuviel Unterarmrotation, und das Schlägerblatt kommt häufig geschlossen (nach links verkantet) an den Ball.

Analog verhält es sich mit einem zu steilen Schläger (Schlägerschaft zu vertikal), der meist für Schläge mit der Spitze und zuviel Divot verantwortlich ist. Ebenso ergibt sich bei einem zu steil schwingenden Schläger meist zu wenig Unterarmrotation, und das Schlägerblatt kommt häufig offen (nach rechts verkantet) an den Ball. Die Schägerebene ist das zentrale Thema beim Golfschwung; hier liegen die Ursachen für zahlreiche Fehlschläge.

Armebene

Auf die Armebene bezieht man sich meist am Ende der Ausholbewegung. Gemeint ist hiermit die Schräge des linken Armes – die Verbindungslinie zwischen Griffende und Mitte der linken Schulter – aus der seitlichen Perspektive. Im Idealfall entspricht diese Schräge der ursprünglichen Schlägerebene, also dem Schläger-Lie, und ist daher abhängig vom gewählten Schläger. Je länger der Schaft des gewählten Schlägers und je geringer damit der Lie, desto flacher ist die Armebene. In diesem Zusammenhang beobachte ich auch immer den Weg der Arme bis zum höchsten Punkt des Ausholens. Da sich die Hände (genauer: das Griffende) von ihrer Ansprechposition nur sehr wenig in die Tiefe bewegen, läuft der Weg der Hände sehr steil auf einer minimal konkav gekrümmten Bahn nach oben.

Schulterebene

Die Schultern drehen sich, wie bereits gesagt, im Gegensatz zur Armebene auf einer deutlich flacheren Ebene. Diese wird durch die Neigung des Oberkörpers in der Ansprechposition bestimmt. Im Idealfall drehen sich die Schultern auf einer Schräge,

Die Hände bewegen sich hauptsächlich nach oben, und die linke Schulter dreht sich nach rechts

Die Arme befinden sich im höchsten Punkt des Ausholens auf einer steileren Ebene als die Schultern

die genau senkrecht zur Oberkörperneigung ist. Eine zu flache Ebene würde bedeuten, daß der Golfer im Verlauf des Ausholens zu groß geworden ist. Eine zu steile Ebene (Schulterkippen) führt dazu, daß man während des Ausholens kleiner wird.

Um nun die erwähnten vier Grundbewegungen und die Ebenen zeitlich geordnet und detailliert beschreiben zu können, habe ich den Schwung in zehn Phasen aufgeteilt. Die entsprechenden Abbildungen sind nicht zeitstrukturiert (nicht in gleichen Zeitabständen aufgenommen). Hierbei sollten Sie beachten, daß es sich bei den Bildern nur um Momentaufnahmen einer Gesamtbewegung handelt.

Der Golfschwung ist aber keine Aneinanderreihung von einzelnen Positionen, sondern ein fließender Bewegungsablauf. Sie müssen also nach der Analyse und Änderung bestimmter Bewegungsteile versuchen, diese wieder zu einer Gesamtbewegung zusammenzufügen.

Dieses Kapitel ist nicht als Checkliste zu verstehen, die während des Schwunges Punkt für Punkt abgehakt wird. Sie sollten es vielmehr als Nachschlagewerk nutzen, in dem Sie Antworten zu

Detailfragen finden, die sich Ihnen während der Lernphase immer wieder stellen.

Auch wenn die Menge der nun folgenden Informationen Sie im ersten Augenblick vielleicht eher abschreckt, sollten Sie bedenken, daß Sie all die Dinge, die Sie bereits richtig machen, nicht berücksichtigen müssen. Sollten Sie jedoch irgendeinen Fehler feststellen, müssen Sie sich den entsprechenden Bewegungsteil ins Bewußtsein rufen, um dort die Fehler zu beheben. Nach der Korrektur und dem Einüben dieses Details geht es dann darum, die neue Bewegung so schnell wie möglich wieder unterbewußt auszuführen.

Ausholbewegung

Zur Erinnerung ist an dieser Stelle noch einmal die Ansprechposition abgebildet. Die eingezeichnete Hilfslinie stellt in den Bildern aus der seitlichen Perspektive die Schlägerebene dar. Sie ist jeweils von der Länge des gewählten Schlägers abhängig (hier ein Eisen 6); je länger er ist, desto flacher wird die Ebene und umgekehrt.

Die Haltung aus der seitlichen Perspektive: Die Ebene wird durch den Lie des Schlägers bestimmt

Die Haltung aus der frontalen Perspektive

Der Schläger wird genau auf seiner ursprünglichen Ebene nur nach rechts zurückgeführt

1. Schwungphase

Nachdem Sie eine schwungauslösende Bewegung ausgeführt haben, nehmen Sie den Schläger so zurück, daß dieser aus der seitlichen Perspektive genau auf seiner Ebene bleibt. Hierbei bewegen Sie Hände, Arme, Schultern (in geringem Maße auch Ihre Hüften) so, daß Sie das aus Schläger und Armen gebildete Y, ohne seine Form zu verändern, um die Wirbelsäule als Achse nach rechts drehen. Diese Bewegung setzt sich fort, bis der Schläger einen Kreisbogen von etwa 45° überschritten hat. Bis dahin gibt man dem Schläger nur einen seitlichen Kraftimpuls.

2. Schwungphase

In dieser Phase werden nun Unterarme und Handgelenke in den Schwung einbezogen. Die Handgelenke beginnen abzuwinkeln, die Unterarme rotieren. Das Abwinkeln der Handgelenke bringt den Schläger nach oben, die Unterarmrotation sorgt dafür, daß der Schläger nach hinten kommt. Beachten Sie jedoch, daß der Schläger viel mehr nach oben als nach hinten bewegt werden muß, um seine Position im höchsten Punkt des Ausholens zu erreichen. Um zu überprüfen, ob beides im richtigen Maße geschehen ist, sollte sich der Schläger, wenn er parallel zum Boden ist, auch parallel zur Ziellinie befinden. Trifft dies zu und befindet sich die linke Handkante senkrecht

Wenn der Schlägerschaft parallel zum Boden ist, muß er auch parallel zur Ziellinie sein

über der Außenseite des rechten Fußes, so haben Sie beide Grundbewegungen, das Abwinkeln der Handgelenke und die Rotation der Unterarme, exakt ausgeführt. Das Griffende des Schlägers hat sich bis dahin nur nach rechts bewegt.

Wenn der Schläger wie beschrieben zurückgeführt wurde und sich der Winkel zwischen linkem Unterarm und Handrücken nicht verändert hat, so wird die vordere untere Kante des Schlägers (Leading-Edge) nicht, wie häufig beschrieben, senkrecht in die Luft zeigen, sondern weiterhin parallel zum linken Unterarm ausgerichtet sein.

3. Schwungphase

In dieser Phase, in deren Verlauf der Schläger weitere 90° überstreicht, so daß er sich aus der frontalen Perspektive senkrecht zum Boden befindet, werden alle vier Grundbewegungen zu einem weiteren Teil ausgeführt:

1. Die Hände bewegen sich (von der Seite gesehen) in die Richtung des Punktes, an dem sie sich am Ende des Ausholens befinden werden. Hierzu müssen sich die Arme vom Körper lösen. Am nachfolgenden Beispiel läßt sich dieser Vorgang gut erklären. Klemmt sich ein Golfspieler in der Ansprechposition zwei Handtücher unter die Achseln, so dürfen sie von der Ansprechposition bis zu dieser Phase nicht herunterfallen. Da der Schläger jetzt

Der Schlägerschaft ist leicht über und parallel zur ursprünglichen Schlägerebene

Der Schlägerschaft bildet mit dem linken Arm einen rechten Winkel

hauptsächlich nach oben geschwungen wird, müssen sich die Arme vom Körper lösen, und die Handtücher fallen herunter. Ein Golfschwung, bei dem sie nicht herunterfallen, wäre, zu flach, was die Armebene betrifft.

2. Die größte Änderung in dieser Bewegungsphase zeigt sich (von vorne gesehen) in der geänderten Winkelstellung von Unterarmen und Schlägerschaft. Dieser Winkel beträgt nun circa 90°. Das bedeutet, daß die Handgelenke in dieser Phase stark zur Daumenseite abgewinkelt wurden. Mit den Handgelenken beginnt auch der rechte Ellenbogen leicht zu winkeln.

3. Die Unterarme werden weiter rotiert, damit der Schlägerschaft weiter in seiner ursprünglichen Schräge bleibt. Ist der Schläger zu steil, wurden die Unterarme zu wenig rotiert; ist er zu flach, wurden sie zuviel rotiert. Da das Griffende sich nun leicht oberhalb der ursprünglichen Schaftebene befindet, zeigt es leicht außerhalb der Ziellinie.

4. Der Körper hat sich in dieser Phase etwas weitergedreht (die Schultern haben sich im Vergleich zur Ansprechposition insgesamt um 60° gedreht).

Der Schlägerschaft ist noch immer parallel zur ursprünglichen Schlägerebene (l.)

Wird der Schläger 270° zurückgeschwungen, muß er auch parallel zur Ziellinie sein (r.)

4. Schwungphase

Die Körperdrehung spielt im letzten Teil der Ausholbewegung die wichtigste Rolle. Da sich nun Schläger, Hände und Arme schon im richtigen Verhältnis zum Körper befinden, braucht man sich nur darauf zu konzentrieren, sie durch die richtige Körperdrehung und Aushollänge in die korrekte Position zu bringen.

Der Körper wird so weit gedreht, bis der Schultergürtel im rechten Winkel zur Ziellinie steht: die Hüften haben sich dann um 45° bis 55° gedreht. Bei dieser Drehbewegung baut sich eine Körperspannung auf, die, bei gleicher Schulterdrehung, um so größer wird, je geringer die Hüften gedreht werden. Ungeübte weichen dieser Körperspannnung häufig aus. Sie drehen entweder die Schultern zu wenig oder die Hüften zuviel. Letzteres ist meist daran zu erkennen, daß sich der linke Fuß weit vom Boden abhebt.

Ältere, unbeweglichere Golfer sind häufig nicht mehr in der Lage, die Schultern – bei nur 45° Hüftdrehung – um 90° zu drehen. Das Hauptproblem besteht dann meist darin, daß der Schläger im höchsten Punkt des Ausholens nicht mehr zum Ziel, sondern zu weit nach links zeigt. Hierdurch wird die Tendenz verstärkt, den Ball zu slicen, was die ohnehin geringere Schlaglänge noch weiter reduziert. Als Abhilfe empfehle ich meist, die Hüften weiter mitzudrehen. Hierdurch wird zwar die Körperspannung zwischen oberer und unterer Körperhälfte – und damit die mögliche Schlägerkopfgeschwindigkeit – etwas reduziert, der Ball kann so jedoch gerader geschlagen werden, was weniger Längenverlust bedeutet.

Im höchsten Punkt des Ausholens, auf den man sich bei der Analyse des Schwunges häufig bezieht (da es auch möglich ist, ihn ohne Videokamera zu analysieren), kann man noch weitere Details beobachten:

Die Schultern haben sich im Vergleich zur Ansprechposition um 90° gedreht; die Arme sind 135° zurückgeschwungen

Weil sich der Körper um die Wirbelsäule dreht, die sich im hinteren Teil des Körpers befindet, werden sich alle Teile, die sich vor und links von der Wirbelsäule befinden beim Ausholen nach rechts bewegen, also beim Oberkörper hauptsächlich linke Schulter, Kopf und Brust. Der Kopf befindet sich dann am Ende der Ausholbewegung etwa einen halben Kopf weiter rechts im Vergleich zur Ansprechposition. Das rechte Bein wird beim Ausholen nicht nach rechts bewegt. Es dient vielmehr als Stütze für den Oberkörper, genau wie beim Werfen eines Schlagballes.

Entsprechend dem Anlauf beim Weitsprung gibt es beim Golf einen optimalen „Anlaufweg“. Die Absprunggeschwindigkeit wird durch einen längeren Anlauf nicht immer höher. So nützt es dem Weitspringer beispielsweise nichts, wenn er 100 Meter anläuft. Ebenso verhält es sich beim Golf: Die Schlägerkopfgeschwindigkeit wird nicht maximiert, wenn der Golfer so weit wie möglich ausholt. Die beiden wichtigsten Kontrollpunkte sind ein komplett aufgedrehter Oberkörper und vollständig abgewinkelte Handgelenke. Wie weit die Arme hierbei zurückschwingen, ist eher nebensächlich. Bei den meisten Golfspielern ist die Ausholbewegung der Arme zu lang, die des Körpers und der Handgelenke eher zu kurz. Eine Ursache hierfür liegt meist in einem zu flachen Zurückführen des Schlägers, wobei dann im zweiten Teil des Schwunges einige Zeit benötigt wird, um ihn auf die richtige Schräge zu bringen. Ebenso kann ein zu spätes Abwinkeln der Handgelenke der Grund sein, wobei der Armschwung und die Körperdrehung häufig schon vollständig ausgeführt sind, der Schläger aber deshalb noch nicht abgeschwungen werden kann, weil der Winkel zwischen linkem Unterarm und Schlägerschaft noch nicht ausreicht. In beiden Fällen wird dann das Ausholen zu lang. Eine durchschnittliche Ausholbewegung mit einem Holzschläger endet etwa an dem Punkt, an dem der Schlägerschaft 270° überstrichen hat. Die Arme haben dann einen Kreisbogen von 135° überstrichen. Bei kürzeren Schlägern ist auch die Ausholbewegung etwas kürzer, bei einem vollen Schwung mit einem Wedge überstreicht der Schläger circa 225°.

Über den linken Arm beim Ausholen wird häufig diskutiert. Ich habe bereits vorher gesagt, daß er in der Ansprechposition lang und entspannt herunterhängt, und das bleibt er auch während des Schwunges. Er wird beim Ausholen weder kürzer noch länger, da beides ein Ausgleichen beim Abschwung erfordern würde. Falsch wäre es, den linken Arm „steif zu machen", um so einer Längenveränderung vorzubeugen. Sollte der Arm beim Ausholen im Ellenbogengelenk etwas einknicken, so ist dies nicht so tragisch wie ein unnatürliches Abstrecken, da die Zentrifugalkraft beim Abschwung sowieso dafür sorgt, daß der Arm nach unten hin wieder lang wird (der Schläger zieht beim Abschwung mit einer Kraft an Ihren Armen, die bis zu 40 Kilogramm entspricht).

Der Golfer hat während des Ausholens die Winkelstellung von Hüfte und Knie beibehalten, von denen bei der Ansprechposition die Rede war (siehe hierzu Seite 69). Dies bedeutet, daß er weder größer noch kleiner geworden ist. Da das Drehen des Körpers in der Ausgangshaltung Spannung verursacht, neigen auch hier viele Golfer dazu, ihr auszuweichen und während der Ausholbewegung größer zu werden. Dies erfordert aber ein Ausglei-

Beim Ausholen dreht sich der Oberkörper seitlich gegen den Widerstand des rechten Beines nach rechts auf

chen in der Vorwärtsbewegung, was die Wiederholbarkeit erschwert.

Der Schläger sollte, wenn er sich parallel zum Boden befindet, auch parallel zur Ziellinie sein. Erreicht der Schläger nicht 270°, so muß der Schaft etwas links vom Ziel zeigen; geht er über die Horizontale hinaus, so muß der Schaft entsprechend weit rechts vom Ziel zeigen, um sich auf der richtigen Ebene zu befinden.

Die vordere untere Kante des Schlägers (Leading-Edge) ist immer noch parallel zum linken Unterarm. Weist das Schlägerblatt in dieser Position in die Luft, so ist es zu geschlossen (nach links verdreht), zeigt es nach vorne, ist es zu offen (nach rechts verdreht). In beiden Fällen sollten der Griff, die Beugung des Handgelenks (in Richtung Handrücken beziehungsweise -fläche) und die Armebene überprüft werden, da hier meist die Gründe für ein nicht neutrales Schlägerblatt zu finden sind.

Abschwung

Der Abschwung umfaßt die Bewegungsphase vom Ende der Ausholbewegung bis zum Treffmoment. Dies ist der wichtigste Teil des Schwunges, da nun der Ball geschlagen wird. Theoretisch ist es zwar möglich, mit jeder Art von Schwungvorbereitung und Ausholbewegung den Ball zum Ziel zu schlagen, wenn es gelingt, einen Abschwung auszuführen, der den Schläger richtig zum Ball bringt. Aber Regelmäßigkeit ergibt sich so nicht, denn je mehr Ausgleichbewegungen im Abschwung nötig sind, desto komplizierter wird er.

Der Abschwung ist zudem besonders schwer zu steuern, da er nur etwa 0,2 Sekunden dauert. Sie sollten also am Ende des Ausholens in eine Position kommen, die es ermöglicht, den Ball gewissermaßen reflexartig zu schlagen, ohne darüber nachdenken zu müssen. Bei der hohen Geschwindigkeit wird es Ihnen auf dem Platz bestenfalls noch gelingen, einen Gedanken zum Einleiten des Abschwungs zu verwirklichen.

Um einen richtigen Abschwung zu erlernen, muß man wissen, daß der Abschwung keine symmetrische Umkehrung des Ausholens ist, da sich zum einen der

Treffmoment deutlich von der Ansprechposition unterscheidet, zum anderen auch die zeitliche Gliederung der Einzelbewegungen verschieden ist.

Die vier fundamentalen Bewegungen beim Ausholen kommen auch beim Abschwung zum Tragen, allerdings in umgekehrter Richtung. Die Zentrifugalkraft hilft dem Golfer, indem sie das Auflösen des Handgelenkwinkels und die Unterarmrotation unterstützt. Bleiben noch die Drehung des Körpers und das Wiederherstellen des Kontaktes zwischen Armen und Körper. Diese beiden Bewegungen werden in der schwungauslösenden Bewegung des Abschwungs zusammengefaßt.

5. Schwungphase

Der Abschwung beginnt mit einer seitlichen Drehbewegung der Hüften, wobei sich die Hände nach unten in Richtung ihrer Treffmomentposition bewegen. Die Drehung der unteren Körperhälfte zieht dann im weiteren Verlauf auch die Schultern mit, die aber die Hüften in ihrer Drehung erst nach dem Treffmoment einholen. Deshalb kippt der Oberkörper im Abschwung etwas nach rechts. Die Bewegung der Hände nach unten (nach außen geraten die Hände durch die Zentrifugalkraft von alleine) sorgt dafür, daß die Arme wieder etwas engeren Kontakt zum Körper bekommen (Umkehrung des Lösens beim Ausholen).

Der Schlägerschaft befindet sich parallel zur ursprünglichen Schlägerebene und – analog zum Ausholen – leicht darüber

Während des Abschwungs werden die Arme nach unten geschwungen und die Hüften seitlich nach links aus dem Weg gedreht

Dabei muß man darauf achten, daß sich der Abstand der Hände zur rechten Schulter kontinuierlich vergrößert. Bei fast allen Golfern mit Pull-Slice-Problemen vergrößert sich dieser Abstand im ersten Teil des Abschwunges viel zu langsam, wodurch sich die Schlagfläche zu spät schließt.

Durch die Trägheit des Schlägerkopfes wird in der ersten Phase des Abschwungs der Winkel zwischen linkem Arm und Schläger aus der frontalen Perspektive zunächst einmal kleiner. Dies ist bei allen Schwüngen von Spitzenspielern zu erkennen. Vom Durchschnitts-

Während des Abschwungs muß sich der Abstand zwischen rechter Schulter und den Händen kontinuierlich vergrößern

golfer – speziell mit Slice-Problemen – kann dies aber in dieser Form nicht übernommen werden, da das rechtzeitige Auflösen des Winkels zwischen linkem Unterarm und dem Schlägerschaft aus dieser Position sehr viel Kraft und Koordination erfordert.

Die Kunst des Abschwungs besteht darin, die Bewegungen des Körpers auf der einen und die der Arme, Hände und des Schlägers auf der anderen Seite zu koordinieren.

Der spielstarke Golfer hat eher mit zu schnellen Händen und Armen zu kämpfen, die das Schlägerblatt häufig zu früh schließen und die Bälle nach links abdrehen lassen, der spielschwächere damit, daß er mit seinen Händen der schnellen Bewegung des Körpers, speziell des Oberkörpers, meist nicht folgen kann. Das Schlägerblatt kommt im Treffmoment dann noch offen an den Ball, so daß der meist nach rechts abdreht. Für diesen Golfer wäre es deshalb völlig verkehrt, das Zuschlagen (Auflösen des Winkels zwischen Schläger und Armen) zu verzögern. Der Schläger ist nun wieder genau parallel zu seiner ursprünglichen Schlägerebene.

Wenn man seinen Abschwung so begonnen hat, ergeben sich die daran anschließenden Schwungphasen fast von selbst.

6. Schwungphase

In diesem Abschnitt dreht die untere Körperhälfte weiter, der Oberkörper folgt, und der Abstand zwischen den Händen und der rechten Schulter wird weiter vergrößert. Der Schläger befindet sich nun, entsprechend der Position beim Ausholen, parallel zur Ziellinie und zum Boden. Dieses Detail kann man bei allen Golfern beobachten, die beständig gerade Bälle schlagen. Wenn der Schläger hier zu steil

Der Schläger ist nun wieder parallel zum Boden und zur Ziellinie und befindet sich auf seiner ursprünglichen Ebene

oder zu flach ist, wird er von außen nach innen beziehungsweise von innen nach außen durch den Ball schwingen.

7. Schwungphase

In der Phase kurz vor dem Treffmoment wird nun der Schläger freigegeben (Release). Hierbei entwinkeln die Handgelenke zur Kleinfingerseite, und die Unterarme rotieren gegen den Uhrzeigersinn. Das linke Handgelenk beugt sich dabei durch die Trägheit des schweren Schlägerkopfes zur Handfläche, und die Hände befinden sich dann im Treffmoment trotz gerade ausgerichtetem Schlägerblatt vor dem Ball.

Aus der frontalen Ansicht lassen sich nun einige Unterschiede des Treffmoments zur Ansprechposition feststellen:

Der Oberkörper ist bis zu 30° nach rechts gekippt, da sich der Kopf an derselben Stelle wie bei der Ansprech-

Der Schläger befindet sich genau auf der ursprünglichen Ebene (l.) und die Hände sind vom Ziel aus gesehen vor dem Ball (r.)

position befindet und die untere Körperhälfte im Vergleich zur Ansprechposition weiter links und dabei auch noch circa 30° nach links gedreht ist. In diesem Teil des Abschwunges dürfen auf den Schläger keine beschleunigenden Kräfte mehr einwirken, da er sonst nur verlangsamt würde.

In meinem Unterricht stelle ich immer wieder fest, daß den wenigsten klar ist, wie der Ball in die Luft fliegt, weshalb ich das Prinzip hier noch einmal erkläre: Anders als beispielsweise beim Hockey, bei dem die Schläger nicht mit Loft versehen sind, muß der Golfspieler keine spezielle Technik anwenden, um den Ball in die Luft zu bekommen. Er muß ihn also nicht in die Luft „löffeln", das heißt, er muß nicht dafür sorgen, daß sich sein Schläger im Treffmoment nach oben bewegt und die Hände sich hinter dem Ball befinden, um so künstlich eine Schräge des Schlägers zu erzeugen. Das liegt daran, daß die Schlagflächen seiner Schläger eine Schräge von 11° bis 60° aufweisen.

Beim Golf bewegt sich der Schläger bei einem korrekten Eisenschlag sogar nach unten, da hierdurch das saubere Treffen, besonders bei schlechten Lagen, erheblich vereinfacht wird. Ein Golfspieler muß mit seinem Schläger nicht unter den Ball kommen, sondern er schlägt von oben nach unten durch den Ball. Die generelle Abwärtsbewegung des Schlägers führt, abhängig von der Lage des Balles, zu unterschiedlichen Divots, die nach dem Treffen des Balles vom Schläger aus dem Rasen herausgeschlagen werden. Je weiter rechts der Ball liegt, je kürzer der Schläger also ist, desto ausgeprägter wird das Divot sein. Bei langen Eisen und Hölzern bürstet der Schläger nur noch das Gras.

Bei einem Eisenschlag bewegt sich der Schlägerkopf „durch den Ball hindurch" nach unten, wodurch sich ein Divot links vom Ball ergibt

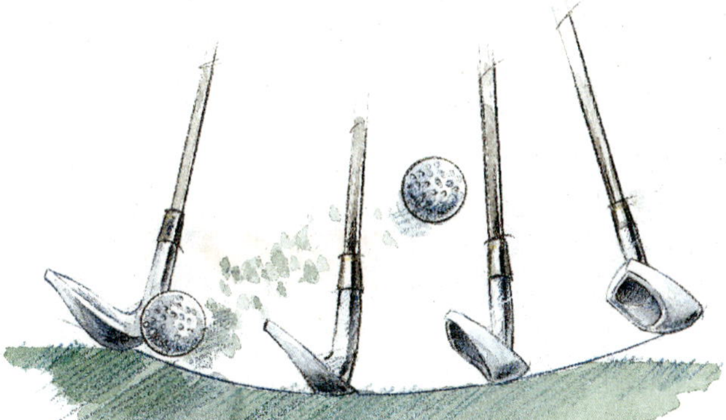

Durchschwung

Der Durchschwung ist die Phase vom Treffmoment bis zur Endposition. Das Ziel des Durchschwungs ist, die Geschwindigkeit des Schlägerkopfes so auslaufen zu lassen, daß keine Verletzungen entstehen. Hierzu sollte der Schlägerschaft mindestens den gleichen Kreisbogen wie beim Ausholen (circa 270°) überstreichen. Der Durchschwung ist ein guter Indikator für die Qualität der vorangegangenen Vorbereitungen und Bewegungen. Gelingt es einem Spieler nicht, den Schwung regelmäßig in einer ausbalancierten, standsicheren Endposition auslaufen zu lassen, so ist dies meist auf Fehler im Abschwung, in der Ausholbewegung, in der Haltung und im Stand oder sogar im Griff zurückzuführen. Hier muß zuerst die Ursache beseitigt werden, dann wird sich der Durchschwung meist von alleine verbessern.

Der Schläger befindet sich immer noch auf der ursprünglichen Ebene (o.); der linke Arm und der Schlägerschaft bilden eine Linie (u.)

8. Schwungphase

Käme dem Schläger der Ball nicht in den Weg, so befände sich der Punkt der größten Schlägerkopfgeschwindigkeit aus der Sicht des Spielers links vom Treffmoment (also danach). Dieser Punkt ist dann erreicht, wenn beide Arme gestreckt sind. Der linke Arm und der Schläger bilden aus der frontalen Perspektive gesehen eine Linie, das heißt, daß sich erst jetzt der Winkel zwischen linkem Arm und Schlägerschaft aufgelöst hat. Der Schlägerschaft befindet sich aus der seitlichen Perspektive genau auf der ursprünglichen Schlägerebene.

9. Schwungphase

Der Schaft ist jetzt wieder leicht über, aber immer noch parallel zur ursprünglichen Schlägerebene. Der Schlägerkopf überstreicht aus der frontalen Ansicht gesehen einen viel größeren Bogen als beim Ausholen, da die Handgelenke hier nicht wie in der vergleichbaren Position des Ausholens früh abgewinkelt werden.

Der Oberkörper hat nun den Unterkörper, was die Drehung betrifft, erreicht. Die Gürtelschnalle und das Brustbein zeigen leicht rechts vom Ziel. Der rechte Arm ist parallel zum Boden.

Der linke Ellenbogen wird nun abgewinkelt, entsprechend zur Ausholbewegung, denn während dort der linke Arm lang bleibt und der rechte Ellenbogen abgewinkelt wird, wird beim Durchschwung der rechte Arm lang gelassen und der linke gebeugt.

Der Kopf hat sich in Phase 9 bereits mitgedreht, so daß der Golfer den Ball nun wieder sehen kann. Es ist kein Vorteil, die Augen so lange wie möglich auf den Punkt zu fixieren, an dem der Ball gelegen hat – im Gegenteil. Es ist unmöglich, einen freien und weit auslaufenden Durchschwung auszuführen, wenn der Kopf unnötig lange „unten gelassen wird". Die Angst, den Ball durch ein zu frühes Nachschauen zu toppen, ist unbegründet. Ich habe bis heute noch keinen Golfspieler gesehen, der das tatsächlich macht. Dagegen habe ich es

Der Schläger ist wieder über und parallel zur ursprünglichen Schlägerebene (l.); der Durchschwungbogen ist weiter als der des Ausholens (r.)

aber schon häufig erlebt, daß Golfer, die ihren Kopf bewußt lange „unten lassen", über Rückenschmerzen klagen, da die Wirbelsäule durch diese extreme Verwindung des Körpers überbelastet wird.

Der Oberkörper hat sich leicht aufgerichtet (o.) und befindet sich nun senkrecht über dem linken Bein (u.)

10. Schwungphase

Im letzten Abschnitt läßt der Golfer einfach die Geschwindigkeit des Schlägers und der Arme auslaufen. Dabei dreht sich der Körper so weit, daß die Gürtelschnalle nun schon leicht links vom Ziel zeigt und die rechte Schulter dem Ziel näher ist als die linke. Der Oberkörper ist fast völlig aufgerichtet. Von vorne gesehen steht der Spieler ganz gerade.

Früher sah man viele Golfer hier in einer Position, in der der Oberkörper zu weit zurückgebeugt war. Dies wirkt zwar auf das ungeübte Auge sehr athletisch, sorgt aber leider dafür, daß sich der Schläger in der Treffmomentphase nicht genügend nach unten bewegt. Zudem nimmt man eine die Wirbelsäule schädigende Hohlkreuzhaltung ein.

Der rechte Arm ist aus der seitlichen Pespektive gesehen parallel zur Schlägerebene. Die Hände befinden sich links neben dem Kopf, und der Schläger ist, da der Oberkörper sich leicht aufgerichtet hat, nun nicht mehr parallel zur ursprünglichen Schlägerebene, sondern etwas flacher.

Erlernen des Schwunges

In letzter Zeit liest und hört man wieder häufiger den Hinweis, beim Golf auf keinen Fall zu denken oder auf technische Details zu achten und sich nur auf sein Gefühl zu verlassen. Dies mag für Kinder, die hauptsächlich durch Nachahmen lernen, und Playing-Pros, die meist die technischen Voraussetzungen besitzen, ein guter Ratschlag sein, dem Hobbygolfer hilft dies aber nicht. Golf ist nun mal, auch wenn es im ersten Augenblick nicht den Anschein hat, eine sehr schwierige Sportart, bei der die einzelnen Bewegungen sehr genau ausgeführt werden müssen, wenn das Ergebnis erfolgreich sein soll.

Die angegebenen Positionen stellen nur Richtlinien dar, die natürlich nicht auf den Zentimeter genau eingehalten werden können. Dabei sollten wir aber nicht vergessen, daß sich Golfschläger und Ball nur nach den Gesetzen der Mechanik richten und grobe Verstöße dagegen Konsequenzen haben.

Wenn Sie sich jedoch von Anfang an um eine korrekte Technik bemühen, so ist dies im Endeffekt weniger mühsam, als ständig irgendwelche Kompensationen üben zu müssen.

Schwung

- *Der Golfschwung sorgt dafür, daß der Schläger im Treffmoment in Richtung Ziel zeigt und schwingt. Hierzu muß der Schläger in einer kreisähnlichen, schrägen Bahn um den Körper schwingen, wobei sich das Schlägerblatt öffnet und schließt.*
- *Beim Ausholen wird der Körper um die Wirbelsäule gedreht, die Handgelenke werden abgewinkelt, die Unterarme rotiert, und die Arme schwingen nach oben. Beim Abschwung werden die Arme nach unten geschwungen, wobei die Hüften seitlich aus dem Weg drehen.*
- *Der Schlägerschaft befindet sich während des ganzen Schwunges auf oder parallel zur ursprünglichen Schlägerebene.*

DAS KURZE SPIEL

Anfänger sollten das Erlernen der Grundschläge im kurzen Spiel nicht auf den Zeitpunkt verschieben, an dem sie mit ihren langen Schlägen zufrieden sind, sondern sie gleichzeitig erlernen.

Über die Hälfte aller Schläge im Golf sind kürzer als 40 Meter, deshalb brauchen Sie ein gutes kurzes Spiel, um Ihre langen Schläge auch in einen guten Score zu verwandeln. Interessanterweise widmen die meisten Golfer aber nur einen winzigen Bruchteil ihrer Übungszeit dem kurzen Spiel.

Ein Grund ist sicher, daß die meisten Golfer ihre Mitspieler lieber mit gelungenen Drives beeindrucken wollen als durch niedrige Scores. Auch Anfänger handeln nach dem Prinzip: „Erst einmal muß ich die langen Schläge beherrschen, dann kümmere ich mich um die kurzen." So wird man jedoch nie zu einem befriedigenden kurzen Spiel kommen.

Ich hoffe, Sie in diesem Kapitel davon überzeugen zu können, daß der Schlüssel zu niedrigen Ergebnissen im kurzen Spiel zu suchen ist. Kurzes Spiel heißt: Putten, Chippen, Pitchen und Bunkerschläge

Putten

Über 40 Prozent aller Schläge beim Golf sind Putts. Wenn Sie als Anfänger daran interessiert sind, auf der Runde möglichst wenig Schläge zu machen, um Ihre Platzreife schnell zu erspielen beziehungsweise Ihr Handicap zu machen, dann sollten Sie knapp ein Drittel Ihrer Übungszeit dem Putten widmen.

Griff

Der Putter hat im Vergleich zu den anderen Schlägern den mit Abstand größten Lie, so daß der Schlägerschaft relativ steil durch die Hände verlaufen muß. Zusätzlich sollen die Handgelenke beim Putten völlig passiv bleiben, weil keine große Schlägerkopfgeschwindigkeit erforderlich ist und so die Präzision erhöht wird. Um beide Voraussetzungen zu erfüllen, werden die Hände seitlich an den Schläger gelegt, so daß beide Handrücken parallel zueinander liegen und nicht wie bei den langen Schlägen in einem Winkel von 30°. Hierbei ist es gleich, welche Hand oben beziehungsweise unten liegt; Sie sollten den Griff verwenden, bei dem Sie das beste Gefühl haben.

Achten Sie jedoch darauf, daß Sie den Zeigefinger der oberen Hand über die Finger der unteren Hand legen. Dies sorgt dafür, daß die obere Hand im richtigen Winkel am Schläger liegt und die Handgelenke in ihrer Bewegungsfreiheit noch mehr eingeschränkt werden.

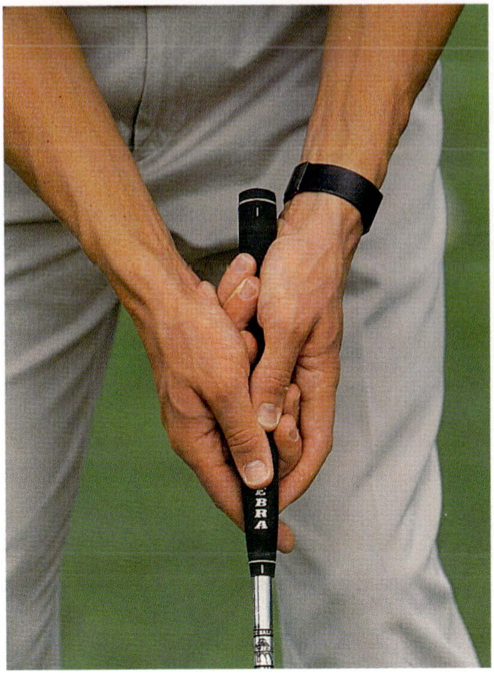

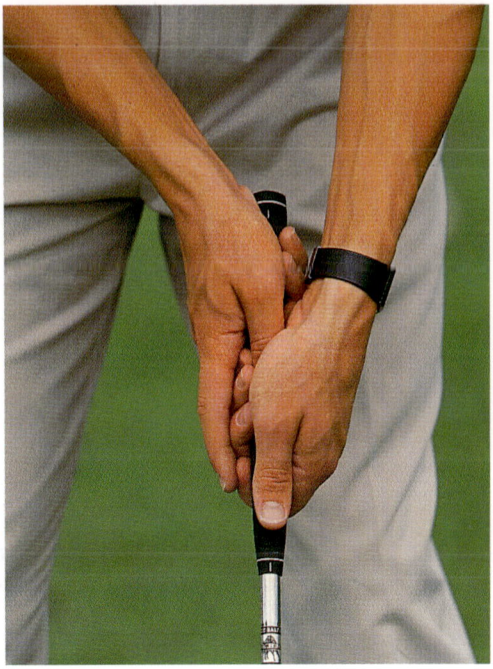

Der Zeigefinger der oberen Hand befindet sich – unabhängig davon, welche Hand oben liegt – über den Fingern der unteren Hand ...

Beide Hände sind beim Putten – im Gegensatz zum Griff bei den langen Schlägen – extrem seitlich am Schläger

In der richtigen Putt-Haltung befinden sich die Augen über der Ziellinie und die Hände unter den Schultern

Haltung

Putter werden, was den Lie betrifft, deshalb so aufrecht gebaut, damit man so dicht am Ball stehen kann, daß sich die Augen senkrecht über der Ziellinie befinden. Das Zielen wird so erheblich vereinfacht.

Der Körper wird, genau wie beim langen Spiel, parallel zur Ziellinie ausgerichtet. Die Hände befinden sich in der richtigen Haltung (aus der seitlichen Perspektive gesehen) genau unter den Schultern. Die Füße werden senkrecht zur Ziellinie ausgerichtet, da hier – anders als bei den langen Schlägen, bei denen der linke Fuß nach außen gedreht wird – der Unterkörper während des Schlages ruhig bleiben soll. Der Ball wird leicht links von der Mitte des Standes gespielt.

Schwung

Genau wie die Handgelenke bleibt beim Putten auch der Körper passiv. Um den Putter vor und zurück zu bewegen, muß man mit den Schultern nur eine Kippbewegung ausführen. Das heißt, daß sich die Schultern nur auf und ab bewegen statt wie bei den langen Schlägen vor und zurück. Stellen Sie sich hierzu vor, daß Ihr Schultergürtel einem Kleiderbügel entspricht,

Der Putter bewegt sich ohne Verdrehung auf einer Geraden zurück und nach vorn. Die Schultern drehen sich nicht, sondern kippen nur

der an einer Kleiderstange hin und her pendelt. Diese Schulterbewegung wird dazu führen, daß sich die Hände und damit auch der Putterkopf exakt über der Ziellinie bewegen. Eine kreisförmige Bewegung, bei der sich das Schlägerblatt des Putters öffnen und schließen würde, ist hier nicht richtig. Bei dieser pendelartigen Bewegung aus den Schultern sollen sich weder der Kopf noch der Unterkörper bewegen, damit auch jede Gewichtsverlagerung ausgeschlossen ist.

Um ein möglichst verläßliches Gefühl für das Dosieren

zu bekommen, ist es entscheidend, daß der Schläger, genau wie ein Pendel, unabhängig von der Ausholllänge immer im gleichen Rhythmus hin und her schwingt. Dies bedeutet, daß die Dauer einer Pendelbewegung unabhängig von der Schlaglänge immer gleich bleibt.

Somit muß man bei kurzen Putts relativ langsam schwingen und bei langen Putts erheblich schneller, damit der Schläger die unterschiedlichen Strecken in der gleichen Zeit zurücklegt. Um dies zu üben, kann man beim Training beispielsweise ein Metronom verwenden.

Ohne Kopf-, Körper- und Handgelenkeinsatz wird der Putter immer im gleichen Rhythmus hin und her gependelt

Putt-Training

Die richtige Technik dient genau wie beim langen Spiel nur dazu, den Schlägerkopf richtig an den Ball zu bringen. Drei Dinge sind hier von Bedeutung:

1. Der Schläger bewegt sich im Treffmoment genau in die Richtung, in die der Ball starten soll.

2. Das Schlägerblatt ist im Treffmoment rechtwinklig zur Richtung, in die der Ball starten soll.

3. Der Schläger trifft den Ball exakt mit dem Sweet Spot.

Das Problem besteht hierbei darin, daß nur der erste Faktor mit bloßem Auge zu erkennen ist. Ob das Schlägerblatt im Treffmoment gerade war oder ob der Ball am Sweet Spot getroffen wurde, kann niemand sehen.

Um festzustellen, in welche Richtung Ihr Schlägerblatt im Treffmoment zeigt, sollten Sie folgende Übung machen:

Legen Sie zwei Bälle nebeneinander vor Ihren Putter (der Putter sollte zu beiden Bällen den gleichen Abstand haben). Nun machen Sie eine Puttbewegung für einen etwa fünf Meter langen Putt. Ist Ihr Putter im Treffmoment genau senkrecht zu Ziellinie, wird er beide Bälle gleichzeitig treffen, die daraufhin mit

Um festzustellen, ob und wie die Schlagfläche des Putters im Treffmoment verdreht ist, kann man zwei Bälle putten

gleicher Geschwindigkeit nebeneinander herrollen werden. Ist der Schläger im Treffmoment nach links verdreht, so wird er den äußeren Ball zuerst treffen, und dieser wird voraus laufen und weiter rollen als der innere. Ist er im Treffmoment nach rechts verdreht, so wird er den inneren Ball zuerst treffen, und dieser wird voraus laufen und zudem auch weiter rollen als der äußere. Je nachdem, wie groß der Abstand zwischen beiden Bällen ist, läßt sich erkennen, wie stark der Putter im Treffmoment verdreht war.

Am Lauf beider Bälle kann man gut erkennen, ob, wohin und wie stark das Schlägerblatt im Treffmoment verdreht war

Um den Sweet Spot herauszufinden, wird der Putter mit einem Tee abgeklopft

Um festzustellen, wo der Ball getroffen wird, werden drei Bälle in eine Reihe gelegt und der mittlere geputtet

Um herauszufinden, ob der Ball mit dem Sweet Spot des Putters getroffen wurde, muß man erst einmal diesen Punkt am Schläger ermitteln. Hierzu wird der Putter zwischen zwei Fingern in der Schräge gehalten, in der er sich auch beim Putten befindet, und dann werden mit einem Tee verschiedene Stellen auf der Schlagfläche abgeklopft. Trifft das Tee den Sweet Spot, so wird der Putter ohne Verdrehung zurückgestoßen.

Jetzt legen Sie jeweils einen Ball im Abstand von etwa einem halben Zentimeter vor die Spitze und hinter die Hacke des Putters. Dann entfernen Sie den Putter und legen einen dritten Ball vor den Sweet Spot des Putters, so daß nun drei Bälle in einer Reihe liegen.

Versuchen Sie nun, den mittleren Ball, ohne auf ein Loch zu zielen, 5 Meter weit zu putten. Treffen Sie den mittleren Ball mit dem Sweet Spot, so werden die beiden anderen Bälle nicht berührt. Wird allerdings der mittlere Ball mit der Hacke getroffen, so wird der Ball, der vor der Spitze des Putters liegt, auch getroffen; gleiches gilt natürlich für das Treffen mit der Spitze, wenn der Ball hinter der Hacke des Putters mit bewegt wurde.

Putten

- *Greifen Sie den Putter so, daß die beiden Handrücken parallel zueinander liegen. Dabei liegt der Zeigefinger der oberen Hand über den Fingern der unteren Hand.*
- *In Ihrer Haltung sollten sich die Hände senkrecht unter den Schultern und die Augen über der Ziellinie befinden. Richten Sie Ihren Körper parallel zur Ziellinie aus.*
- *Beim Schwung werden die Schultern ausschließlich gekippt, wobei sich der Schläger über der Ziellinie vor und zurück bewegt, ohne sich zu verdrehen. Die Schwungzeit ist unabhängig von der Puttlänge immer gleich.*

Beim Chippen bewegt sich der Schläger genau auf seiner ursprünglichen Ebene zurück und nach vorn

Chippen

Der Chip ist ein flacher Annäherungsschlag für Entfernungen zwischen 10 und 60 Metern. Er wird meist angewandt, wenn sich zwischen Fahne und Ball kein Hindernis befindet. Der Ball fliegt bei diesem Schlag sehr flach und sollte nach dem Aufkommen einen großen Teil des Weges rollen. Es gibt zwei Chipvarianten. Für sehr kurze Entfernungen bietet sich der Putt-Chip an. Bei längeren Distanzen (ab 15 Meter) kommt der Standard-Chip zur Anwendung.

Standard-Chip

Im Gegensatz zum Pitch, bei dem der Sand-Wedge den Ball hoch in die Luft bringt, muß beim Chippen ein Schläger mit weniger Schlagflächenneigung verwendet werden. Ideal ist ein Eisen 9, das durch eine spezielle Ansprechposition, bei der der Ball weit rechts liegt und sich die Hände vor dem Ball befinden, was die Schlagflächenneigung betrifft, quasi zu einem Eisen 7 gemacht wird.

Außer bei extrem langen Chips oder Bergauf-Chips, bei denen das Eisen 7 verwendet werden kann, sollte man grundsätzlich beim Eisen 9 bleiben, da sich das Gefühl für die Entfernung (der wichtigste Faktor bei einem Chip) so am schnellsten einstellt.

Der Schlägerkopf trifft zuerst den Ball und bürstet nach dem Treffmoment das Gras

Verwenden Sie bei diesem Schlag ihren normalen Griff. Lassen Sie jedoch die Hände etwas den Griff hinunterrutschen, da der Schläger für kurze Schläge so noch handlicher wird.

Da der Körper bei diesem Schlag nur eine untergeordnete Rolle spielt und hier nicht die Schlaglänge, sondern die Schlagpräzision entscheidend ist, unterscheidet sich die Haltung in einigen Punkten von der Haltung bei den langen Schlägen:

- Um den Abstand zum Ball genau wie beim Putten möglichst gering zu halten, wird der Schläger etwas aufrechter auf den Boden gestellt, als dies sein Lie erfordert. Die Hacke des Schlägers wird hierdurch leicht in der Luft schweben.
- Der Stand ist enger, da hier durch die geringe Körperbewegung keine große Standfestigkeit erforderlich ist.
- Die Hände befinden sich vom Ziel aus gesehen vor dem Ball, der eine Ballbreite rechts von der Mitte des Standes liegt. Mit den Händen wird der ganze Oberkörper leicht nach links verschoben, so daß sich das Gewicht zu 70 Prozent auf dem linken Fuß befindet.

Beim Ausholen dominieren Arme und Schultern, wobei die Handgelenke – außer bei sehr langen Chips – passiv bleiben. Das Gewicht bleibt auch während der Ausholbewegung auf dem linken Fuß. Wie bei den langen Schlägen schwingt der Schläger genau auf seiner Ebene zurück. Die Bewegung ist verwandt mit der des Puttens.

Beim Chippen werden hauptsächlich Arme und Schultern eingesetzt; Handgelenke und Körper bleiben weitestgehend passiv

Wie bei den langen Schlägen muß sich der Schläger im Treffmoment nach unten bewegen. Dies geschieht hier, da die Handgelenke kaum zum Einsatz kommen, natürlich in einem etwas geringeren Maße, so daß auch kein Divot nach dem Ball herausgeschlagen wird. Keinesfalls sollte man versuchen, dem Ball mit einer löffelnden Bewegung in die Luft zu helfen. Bei einem korrekten Chip trifft der Schläger zuerst den Ball und bürstet anschließend das Gras. Dies erreichen Sie, indem Sie Ihre Hände im Treffmoment – genau wie beim Ansetzen – wieder vor den Ball bringen. In der Endposition muß der Schläger mit dem linken Arm eine Linie bilden.

Putt-Chip

Wenn das Ziel weniger als 15 Meter entfernt ist, kommt der Putt-Chip zur Anwendung. Der Putt-Chip ist, wie der Name schon verrät, eine Kombination von Putt und Chip. Der Grund für diese Annäherungstechnik liegt in der Schwierigkeit, sehr kurze Chips mit dem Standard-Chip auszuführen. Da die Handgelenke durch den normalen Griff beim Standard-Chip automatisch ganz leicht ins Spiel kommen, wird der Schläger immer eine bestimmte Geschwindigkeit erhalten, die bei einer sehr kurzen Entfernung schon zu hoch sein kann. Beim Putt-Chip werden die Handgelenke deshalb überhaupt nicht eingesetzt.

Dieser kurze Schlag kommt immer dann in Frage, wenn der Ball von der Entfernung her auch geputtet werden könnte, sich zwischen dem Ball und dem Grünrand aber zu hohes Gras befindet, um den Ball verläßlich hindurchrollen zu lassen. Da der Ball hier etwas flacher fliegen soll als beim Standard-Chip, muß ein Schläger mit noch weniger Schlagflächenneigung verwendet werden. Optimal ist ein Eisen 8. Dieser flache Flug erlaubt es dem Golfer, sich bei der Dosierung an einem Putt aus der gleichen Entfernung zu orientieren. Da das Eisen 8 bei diesem Schlag genauso steil aufgesetzt wird wie ein Putter, muß der Schläger die Hände in einem flacheren Winkel kreuzen. Hierzu wird der Putt-Griff angewendet, wobei sich allerdings die linke Hand oben befinden muß.

Die Augen befinden sich wie beim Putten über der Ziellinie. Der Ball liegt in der Mitte des Standes, so daß sich die Hände leicht vor dem Ball befinden. Der Körper wird wie beim Putten parallel zur Ziellinie ausgerichtet

Der Schläger wird genauso steil auf den Boden gestellt wie ein Putter und auch auf einer Geraden zurück und nach vorn bewegt

Der Schläger-kopf bewegt sich genau über der Ziel-linie zurück und wieder nach vorn

Chippen

- *Stellen Sie Ihr Eisen 9 beim Chippen sehr steil auf den Boden, und spielen Sie den Ball leicht rechts von der Mitte des engen Standes, so daß sich Ihre Hände vor dem Ball befinden.*
- *Bewegen Sie den Schläger nur aus Armen und Schultern, und schwingen Sie „durch den Ball hindurch" nach unten.*
- *Wenden Sie beim Putt-Chip – mit Ausnahme der Schlägerwahl (Eisen 8) – genau die Technik des Puttens an.*

Die Bewegung entspricht genau der des Putts. Die Schultern werden nicht gedreht, sondern gekippt, wodurch der Putter ohne jede Verdrehung während des ganzen Schlages über der Ziellinie bleibt. Der Körper und die Handgelenke bleiben völlig passiv.

Genau wie beim Putten werden beim Putt-Chip nur die Arme und Schultern bewegt; die Handgelenke und der Körper sind völlig passiv

Pitchen

Beim Pitch ist es besonders wichtig, daß der Schlägerschaft immer in der gleichen, ursprünglichen Schräge bleibt

Der Pitch ist ein hoher Annäherungsschlag für Entfernungen zwischen 10 und 80 Metern. Der Ball soll hoch fliegen und nach dem Aufkommen so schnell wie möglich liegenbleiben. Man unterscheidet den Standard-Pitch (25–80 Meter) und den kurzen Pitch (10 bis 25 Meter).

Standard-Pitch

Der Standard-Pitch ist kein Spezialschlag wie beispielsweise der Chip, sondern lediglich eine kleine Version des vollen Schwunges.

Für diesen Schlag eignet sich der Sand-Wedge am besten. Der Sand-Wedge hat gegenüber dem Pitching-Wedge den Vorteil, daß er mehr Loft besitzt, daher den Ball höher steigen läßt und ihm mehr Rückwärtsdrall verleiht. Der Pitching-Wedge sollte erst dann eingesetzt werden, wenn sich das Grün mit dem Sand-Wedge nicht mehr erreichen läßt.

Der einzige Unterschied zwischen Pitch und vollem Schwung besteht darin, daß das Ausholen – je nach Entfernung – kürzer ist als bei den langen Schlägen. Griff und Haltung sind die glei-

chen wie bei den langen Schlägen. Der Ball liegt in der Mitte des Standes, und die Hände befinden sich vom Ziel aus gesehen leicht davor. Da die Körperbewegungen beim Pitchen aufgrund des kurzen Schwunges nicht so wichtig sind, liegt das Hauptaugenmerk auf den Bewegungen der Arme und Hände. Beim Ausholen muß sichergestellt sein, daß sich die Handgelenke genügend abwinkeln und daß sich der Schlägerschaft während des ganzen Schwunges immer in der gleichen Schräge befindet.

Da man bei einem kurzen Schwung nicht so viel Zeit für Ausgleichsbewegungen hat, haben Golfer, deren Schläger sich während des Schwunges nicht in der richtigen Ebene befindet, hier häufig Probleme. Speziell eine zu flache Schlägerebene, bei der der Schläger zu stark nach innen zurückgeführt wird und ebenso stark von innen in den Ball eintrifft, führt zu fetten, dünnen, gepushten und socketierten Bällen. Da bei diesem Schlag keine sehr hohe Schlägerkopfgeschwindigkeit erforderlich ist und der vertikale Eintreffwinkel etwas steiler sein sollte, eilt der Unterkörper dem Oberkörper beim Aufschwung hier – im Gegensatz zu den langen Schlägen – nicht so weit voraus. Beim Pitch ist es unabdingbar, daß sich der Schläger im Treffmoment nach unten bewegt. Dies bedeutet, daß der Schläger als erstes den Ball trifft und danach in den Boden geht, um dort ein Divot mitzunehmen. Das Divot ist bei einem vollen

Die Bewegung des Pitches unterscheidet sich nur in der Aushollänge von der bei den vollen Schlägen

Beim Ausholen werden die Handgelenke voll abgewinkelt (o.); im Treffmoment sind die Hände vor dem Ball (u.)

Schlag mit einem Wedge – aufgrund der aufrechten Schlägerebene und der Ball-Lage – tiefer als bei allen anderen Schlägen. Diesen nach unten verlaufenden Schlag kann man nur erreichen, wenn sich die Hände im Treffmoment vom Ziel aus gesehen vor dem Ball befinden und der Schläger von innen nach innen – und nicht von innen nach außen – durch den Ball schwingt.

Kurzer Pitch

Den kurzen Pitch spielt man aus einer Entfernung von 10 und 25 Metern, wenn die Entfernung eigentlich einen Chip favorisieren würde, der Ball aber hoch fliegen muß und nicht weit rollen darf. Da der Ball beim Standard-Pitch durch den Einsatz der Handgelenke in den meisten Fällen zu weit fliegt, ist hier eine andere Annäherungstechnik notwendig.

Auch beim kurzen Pitch wird der Schläger genau auf seiner Ebene zurück und nach vorne geschwungen

Die Technik des kurzen Pitches gleicht der des Chips, wobei ein Sand-Wedge verwendet und der Ball aus der Mitte gespielt wird

Die Bewegung des kurzen Pitches gleicht der des Chips. Der Unterschied besteht hauptsächlich in der Schlägerwahl und der Lage des Balles. Das Eisen 9, das beim Chippen verwendet wird, bringt den Ball nicht hoch genug in die Luft. Deshalb ist auch hier der Sand-Wedge der richtige Schläger. Der Ball sollte im Gegensatz zum Chippen nicht rechts, sondern in der Mitte des Standes liegen. Durch diese beiden Änderungen wird der Ball höher fliegen als beim Chippen. Wichtig ist, daß die Handgelenke – genau wie beim Chippen – passiv bleiben. Auch hier bewegt sich der Schläger durch den Ball leicht nach unten und wird nach dem Treffen das Gras bürsten.

Pitchen

- *Verwenden Sie zum Pitchen den Sand-Wedge; erst wenn Sie das Grün mit diesem Schläger nicht mehr erreichen, sollten Sie den Pitching-Wedge benutzen.*
- *Die Technik gleicht bis auf die Ausholänge der des vollen Schwunges.*
- *Wenden Sie beim kurzen Pitch die Technik des Chips an, wobei Sie allerdings ein Sand-Wedge verwenden und den Ball aus der Mitte des Standes spielen sollten.*

Auch beim kurzen Pitch bewegt sich der Schläger durch den Ball hindurch nach unten

Bunkerschläge

Der Bunkerschlag ist zu Unrecht so gefürchtet. Er ist viel leichter, als es erscheint, da der Schwung dem des Pitches entspricht. Es ist der einzige Schlag, bei dem der Schläger den Ball nicht direkt trifft, da nur der Sand unter dem Ball herausgeschleudert wird und dieser dann den Ball mitnimmt. Beim Bunkerschlag wird also – im Gegensatz zu den anderen Annäherungsschlägen – nicht erst der Ball und dann der Boden getroffen.

Der Ball, der bei dieser sonst üblichen Schlagweise flach startet und dann im Verlauf des Fluges weiter ansteigt, ist im Bunker meist nicht zu gebrauchen, da er wegen der Bunkerkante direkt in die Höhe gehen muß. Zusätzlich wäre im Bunker der Spielraum für Fehler bei einem nach unten verlaufenden Schlag zu gering. Dies liegt daran, daß der Schläger, wenn er nur etwas zu früh in den Sand kommt, sehr stark abgebremst wird. Dies ist bei

Der Sand-Wedge schlägt im Bunker eine Sandscheibe unter dem Ball heraus; und hat daher keinen direkten Kontakt mit dem Ball

Schlägen vom Gras anders: Der Schläger wird hier meist unter dem Ball hindurchrutschen und nur wenig Geschwindigkeit verlieren.

Geht man allerdings gleich davon aus, den Boden vor dem Ball zu treffen, so wird die Dosierung einfacher. Zudem wird der Ball sehr hoch starten, somit auch höhere Bunkerkanten überwinden und nach dem Aufkommen nicht mehr weit rollen.

Häufig versuchen Golfer, den Schlag zu umgehen, indem sie aus Bunkern chippen oder putten. Dies mag wohl im Einzelfall eine gute Lösung sein, wird aber in den meisten Fällen nicht gutgehen, denn bei weichem Sand oder bei einer hohen Bunkerkante kann der Explosionsschlag (so wird der Bunkerschlag aus Entfernungen bis 50 Meter genannt, da der Sand wie bei einer Explosion in die Luft geschleudert wird) nicht umgangen werden.

Im Bunker gibt es natürlich unzählige Situationen. Wir wollen uns hier auf drei beschränken: der Standard-Bunkerschlag aus Grünbunkern bis zu 30 Metern, der lange Explosionsschlag aus Bunkern bis zu 50 Meter Entfernung zur Fahne und der Schlag aus eingebohrten Lagen.

Standard-Bunkerschlag

Meist liegt der Ball im Bunker gut spielbar. Ist dies der Fall und die Fahne nicht weiter als 30 Meter entfernt, setzt man den Standard-Bunkerschlag ein.

Für einen erfolgreichen Bunkerschlag ist ein Sand-Wedge unverzichtbar, da er eine speziell für den Explosionsschlag konzipierte Sohlenkonstruktion hat. Bei senkrecht zum Boden aufgestelltem Schaft ist die Sohle des Schlägers nicht wie bei anderen Schlägern parallel zum Boden, sondern zeigt 7–11° in die Luft. Die vordere Kante (Leading-Edge) ist somit weiter vom Boden entfernt als die hintere (Trailing-Edge). Dies sorgt dafür, daß der Schläger, der vor dem Ball in den Boden eindringt, sich nicht zu tief eingräbt.

Sie müssen beim Bunkerschlag drei Veränderungen im Vergleich zur Technik des Standard-Pitches vornehmen:

1. Um nicht den Schwung verändern zu müssen, wird der Ball weiter nach links gelegt als bei einem Pitch. So kann der Schläger schon vor dem Ball in den Sand eindringen und somit eine längere Sandscheibe unter dem Ball herausschlagen. Ideal liegt der Ball gegenüber der Mitte des linken Fußes.

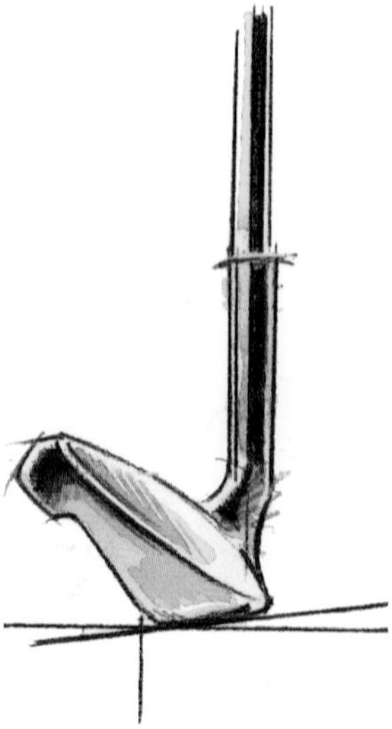

Damit der Schläger besser durch den Sand rutscht, befindet sich beim Sand-Wedge die vordere Kante über der hinteren

2. Das Schlägerblatt wird im Bunker mindestens 20° aufgedreht (nach rechts verkantet), damit der Schläger nicht zu tief in den Sand eindringt. Dies bringt die Leading-Edge noch etwas höher als die Trailing-Edge. Das Blatt wird vor dem Greifen nach rechts ausgerichtet, so daß das Verhältnis der Hände zum Körper genau dasselbe ist wie bei den langen Schlägen. Bei einem Schlag vom Fairway würde der Ball durch das verkantete Schlägerblatt weit rechts vom Ziel landen. Im Bunker trifft dies nur im geringen Maße zu, da sich immer Sand zwischen Ball und Schläger befindet, die Hacke durch ihr Vorauseilen stärker abgebremst wird und der Ball links vom Scheitelpunkt des Schwunges liegt. Sie müssen sich also nicht – wie häufig beschrieben – im selben Maße links vom Ziel ausrichten, wie Ihr Schläger rechts vom Ziel ausgerichtet ist. Das richtige Ausrichten ist von so vielen Faktoren abhängig, daß es in der Praxis durch Ausprobieren ermittelt werden sollte. Es liegt in der Regel 5° links vom Ziel.

3. Die Ausholbewegung muß im Bunker länger sein als bei einem Schlag vom Fairway aus derselben Entfernung, da der Schläger im Sand erheblich an Geschwindigkeit verliert und dadurch den Ball nur etwa ein Drittel der Entfernung eines Pitches zurücklegen läßt. Die häufig vorhandene Angst, bei einem nur kurz entfernten Ziel einen vollen Schwung auszuführen, muß überwunden werden, auch wenn anfangs aufgrund einer fehlerhaften Technik einige Bälle weit über das Ziel hinausschießen.

Der Schwung entspricht genau dem des Standard-Pitches. Der Golfer sollte nicht versuchen, den Schläger durch Manipulation unter den Ball zu bekommen. Der Schläger wird schon durch die Ball-Lage circa 10 cm vor dem Ball in den Boden eindringen und ein flaches langes Sand-Divot herausschlagen. Zwischen Ball und Schläger befindet sich also immer Sand, der den Ball nach vorne und oben drückt. Die Entfernung wird, wie bei allen anderen Schlägen, durch die Länge des Ausholens reguliert.

Bereitet der Bunkerschlag trotz konsequenter Anwendung der beschriebenen Technik Probleme, so ist meist schon das Pitchen fehlerhaft. Beim Pitchen vom Fairway kann es sein, daß Fehler unbemerkt bleiben, da die gute Lage des Balles auf dem Gras mehr verzeiht als die im

Sand. Verbessern Sie in diesem Fall als erstes Ihre Pitch-Technik, und versuchen Sie es dann noch einmal im Bunker.

Eingebohrte Lage

Hat sich der Ball in den Sand eingebohrt, muß der Schläger eine tiefere Sandscheibe herausschlagen, um ihn zu treffen. Dabei darf der Schläger auch nicht so weit vorher in den Sand eindringen wie beim Schlag aus einer guten Lage, da er durch die große Sandmenge sonst zu sehr abgebremst würde.

Um diese Bedingungen zu erfüllen, wird der Ball weiter zum rechten Fuß gelegt, so daß er sich leicht rechts von der Mitte des Standes befindet. Die Position der Hände bleibt unverändert, damit sie sich vom Ziel aus gesehen vor dem Ball befinden. Dies erzeugt, vorausgesetzt die Hände kommen im Treffmoment wieder in dieselbe Position, einen steileren Eintreffwinkel und läßt den Schläger tiefer in den Sand eindringen.

Die Ausrichtung des Schlägerblattes ist abhängig von der Lage des Balles. Ist der Ball nur leicht eingebohrt, kann das Schlägerblatt geöffnet werden; ist er tiefer eingebohrt, so wird das Schlägerblatt gerade oder sogar leicht geschlossen angesetzt, um die vordere Kante des Schlägers unter die hintere zu bringen, was ebenso dafür

Bei eingebohrten Lagen wird der Ball rechts von der Mitte gespielt; die Hände bleiben bis nach dem Treffen vor dem Ball

sorgt, daß der Schläger sich tiefer eingräbt. Das Ausholen muß wegen der großen zu verdrängenden Sandmenge im Verhältnis zur Entfernung noch länger sein als bei einem Schlag aus einer guten Lage.

Ferner ist noch zu beachten, daß der Ball bei stark eingebohrten Bällen im Vergleich zum Standard-Bunkerschlag bei dieser Technik erheblich flacher starten und nach dem Aufkommen weiter rollen kann.

Bei stark eingebohrten Bällen wird das Schlägerblatt zugedreht, damit die vordere Kante unter die hintere kommt

Langer Explosionsschlag
Der lange Explosionsschlag wird aus Bunkern angewendet, die zwischen 30 und 50 Meter von der Fahne entfernt sind. Hier kann nicht der Standard-Bunkerschlag zur Anwendung kommen, weil die Entfernung für einen Explosionsschlag mit dem Sand-Wedge zu groß ist. Ein Standard-Pitch ist ebensowenig geeignet, da der Schläger nicht einen Millimeter vor dem Ball in den Sand kommen dürfte (was bei einem halben Schlag immer wieder passieren kann), weil der Ball sonst viel zu kurz bliebe.

Sie sollten sich hier die Tatsache zunutze machen, daß diese Bunker in den meisten Fällen nur sehr niedrige Kanten haben. Der Ball kann demnach sehr flach starten, so daß sich ein Explosionsschlag mit einem längeren Schläger (je nach Entfernung zwischen Eisen 9 und 7) anbietet. Die Schlagtechnik ist hierbei mit der des Standard-Bunkerschlages identisch. Der Ball wird jedoch durch den anderen Schläger flacher und weiter fliegen.

Dieser Schlag sollte vor der Anwendung auf dem Platz geübt werden, um ein Gefühl für die Entfernung und den dafür nötigen Schläger zu bekommen.

Bunkerschläge

- *Spielen Sie den Ball aus einer Position gegenüber der Mitte des linken Fußes.*
- *Drehen Sie das Schlägerblatt des Sand-Wedges vor dem Greifen mindestens 20° auf.*
- *Führen Sie den Schwung, der dem des Pitches gleicht, etwa dreimal länger aus als bei der gleichen Entfernung vom Gras.*
- *Spielen Sie Bälle aus eingebohrten Lagen aus einer Position leicht rechts von der Mitte des Standes.*
- *Spielen Sie lange Bunkerschläge je nach Entfernung mit längeren Schlägern und der Technik des Standard-Bunkerschlages.*

FEHLER UND KORREKTUREN

Alle Fehlschläge entstehen durch einen verkehrten Treffmoment. Erst wenn hier der Fehler erkannt ist, kann nach der Ursache im Verlauf des Schwunges gesucht werden.

Nach dem Erlernen der Grundtechnik des vollen Schwunges erreicht man als Anfänger relativ schnell den Punkt, an dem der Ballflug das weitere Vorgehen vorgibt. Wenn der Ball zum Beispiel immer in einer Richtung abdreht, dann wird man beim weiteren Anstreben einer neutralen Technik die Punkte vorziehen, die für das Abdrehen des Balles verantwortlich sind. Hierbei ist man als Anfänger natürlich zu Beginn überfordert. Diese Verfahrensweise – die Technik im Einklang auf den Ballflug immer weiter zu verfeinern – wird Sie jedoch so lange begleiten, wie Sie Fortschritte machen wollen. Auch die besten Spieler der Welt machen hier keine Ausnahme. Sie müssen also die Fähigkeit erlernen, auf Fehlschläge richtig zu reagieren. Dabei sollten Sie nie vergessen, daß alle Fehlschläge durch einen verkehrten Treffmoment verursacht werden. Wenn die Schlagfläche im Treffmoment verdreht ist, wird der Ball in die falsche Richtung starten und im Verlauf des Fluges noch weiter abdrehen. Schwingt der Schläger nicht in die richtige Richtung, so führt dies nicht nur zu Bällen, die in die falsche Richtung starten, sondern auch zu einem zu steilen (bei einem Schwung von außen nach innen) oder flachen (bei einem Schwung von innen nach außen) Eintreffwinkel; das macht ein sauberes Treffen, bei dem die Kraft des Schlägers in die richtige Richtung wirkt, unmöglich. Ich werde Ihnen daher im Folgenden die Ursachen für die Abweichungen vom richtigen Treffmoment bei den häufigsten Fehlschlägen nennen und erklären.

Slice

Über die Hälfte aller Golfer haben bei ihren langen Schlägen mit nach rechts abdrehenden Bällen zu kämpfen. Der Grund hierfür ist ein nach rechts verdrehtes Schlägerblatt im Treffmoment. Dies kann verschiedene Ursachen in der Technik haben:

1. Wenn sich die Hände zu sehr links verdreht am Schläger befinden, wird ein Zurückkehren der Hände in eine natürlichere Position beim Abschwung dafür sorgen, daß das Schlägerblatt rechts verdreht an den Ball kommt. Vergewissern Sie sich also, daß Ihre Hände so weit nach rechts gedreht am Schläger liegen, daß die bei-

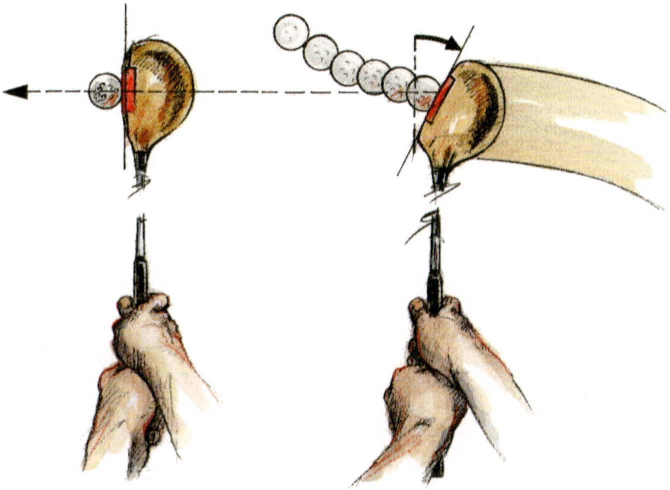

Je weiter links sich die Hände am Schläger befinden, desto eher wird der Ball nach rechts starten und abdrehen

den „V“ auf Ihre rechte Schulter zeigen.

Bei einem Griff, bei dem sich beide Hände zu weit links befinden, ergibt sich auch meist eine Schulterausrichtung zu weit links vom Ziel und eine falsche Ball-Lage, bei der der Ball zu weit links liegt. Um einen geraden Ball oder einen Draw (startet rechts, dreht dann ins Ziel) zu schlagen, müssen auch die rechte Schulter und der Ball mehr zurückgenommen werden.

2. Wenn das linke Handgelenk während des Ausholens zum Handrücken hin gebeugt wird, verdreht sich das Schlägerblatt auch nach rechts. Achten Sie in diesem Fall darauf, daß sich Ihre Hände nach dem Ende des Ausholens unter dem Schläger befinden, so als würden Sie ein Tablett auf der rechten Hand tragen. Der linke Handrücken und Unterarm müßten sich dann ungefähr in einer Linie befinden.

3. Wenn der Griff und das Handgelenk nicht die Ursachen für den Slice sind, dann gibt es zwei mögliche Hauptursachen während des Schwunges: den klassischen und den modernen Slice. Beim klassischen Slice bleiben Arme und Schläger beim Ausholen zu eng mit dem Körper verbunden und schwingen nach hinten statt nach oben. Im Abschwung geschieht dann meist dasselbe. Die Arme schwingen nicht nach unten, sondern bleiben auch wieder eng am Körper und folgen dessen Drehung, kommen somit zu sehr nach vorne, wodurch der Schläger steil von außen

Wenn das linke Handgelenk zum Handrücken gebeugt wird, öffnet sich das Schlägerblatt (Slice)

Wenn Arme und Schläger zu eng mit dem Körper verbunden bleiben (l.), schwingt der Schläger steil von außen nach innen durch den Ball (Pull-Slice)

Ein enger Stand und ein voraus gedrehter Körper helfen bei einem klassischen Slice (r.)

nach innen durch den Ball schwingt und sich auch der Winkel zwischen linkem Arm und Schläger zu spät auflöst. Das Resultat sind nach links startende Bälle, die im Verlauf des Fluges bei den langen Schlägen stark nach rechts abdrehen (Pull-Slices).

Um dieses Problem zu beseitigen, müssen sich die Arme auf einer steileren Ebene bewegen als die Schultern. Da es nicht ganz leicht ist, die Schultern flach nach hinten zu drehen und dabei gleichzeitig die Arme nach oben zu schwingen, sollten Sie sich zu Beginn in eine Ansprechposition begeben, in der die rechte Schulter übertrieben zurückgenommen wird. Die Schulterdrehung ist somit schon ein Stück vorweggenommen, und Sie müssen sich nur noch darauf konzentrieren, die Arme hoch und runter zu schwingen. Außerdem hilft es, die Füße ganz zusammenzustellen, damit der Körper passiver bleibt. Dies wird Ihnen das Gefühl vermitteln, wie sich der Körper bewegen muß, damit man seine Balance richtig hält. Bei der Bewegung des klassischen Slice würde der Körper beim Abschwung zwangsläufig nach vorne Richtung Zehenspitzen fallen.

4. Beim modernen Slice bewegen sich Schläger, Arme und Schultern auf einer zu steilen Ebene. Wenn der Schläger zu gerade zurückgeführt wird, dann wird er sich auch zu wenig öffnen. Diese Ausholbewegung ergibt eine spiegelbildlich verlaufende Vorwärtsbewegung, bei der der Körper wieder kippt (in der Vorwärtsbewegung nennt man das dann „blockieren") und sich der Schläger zu wenig schließt. Um dieses Problem zu beseitigen, eignen sich Schläge aus Lagen, bei denen sich der Ball ein ganzes Stück über den Füßen befindet und dadurch zu einem runderen, baseballartigen Schwung führt, bei dem sich der Schläger im Verlauf des Ausholens mehr öffnet und in der Vorwärtsbewegung mehr schließt.

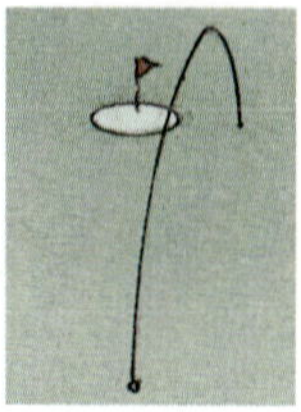

Wenn sich der Schläger beim Ausholen zu wenig öffnet und die Schultern kippen statt drehen, wird sich der Schläger bei der Vorwärtsbewegung zu wenig schließen und den Körper blockieren (Push-Slice)

Eine Lage, in der der Ball höher liegt als die Füße, hilft bei einem modernen Slice: Der Schwung wird runder

Hook

Wenn der Schläger zu sehr nach rechts zeigt, kommt er flach von innen an den Ball und schließt sich meist zu früh...

Genau wie beim Slice liegt die Ursache für nach links abdrehende Bälle in einem verdrehten Schlägerblatt. Hier befinden sich entweder die Hände zu weit nach rechts gedreht am Schläger, oder es liegt einer der beiden folgenden Schwungfehler vor:

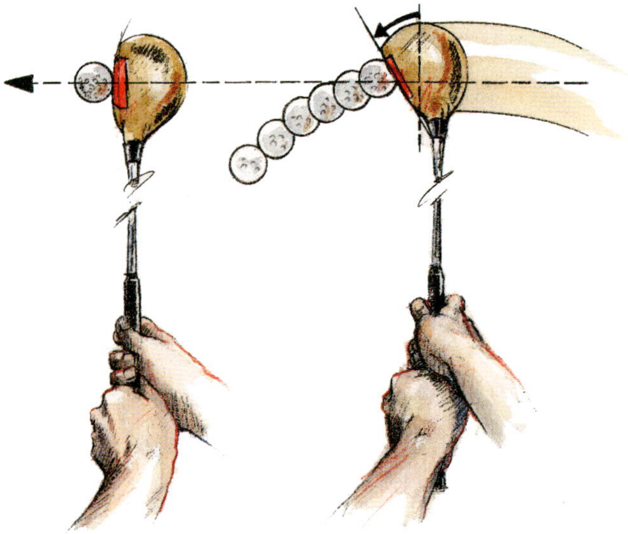

Je weiter rechts sich die Hände am Schläger befinden, desto eher wird der Ball nach links starten und abdrehen

Wenn sich die Arme beim Ausholen auf einer zu flachen Ebene bewegen, zeigt der Schlägerkopf am Ende der Ausholbewegung meist zu weit nach rechts und führt dadurch zu einem Schwung von innen nach außen. Hierdurch entsteht zuviel Unterarmrotation, und das Schlägerblatt schließt sich zu stark.

Zur Korrektur sollten Sie sich ein Tee in das Griffende des Schlägers stecken und versuchen, daß dieses Tee am Ende des Ausholens außerhalb der Ziellinie zeigt. Dabei müssen sich die Arme mehr vor statt hinter dem Körper bewegen, denn je weiter die Hände nach hinten kommen, desto weiter wird der Schlägerkopf nach vorne kommen. Um dieses Problem zu beseitigen, helfen auch Schläge aus einer Hanglage, in der der Ball ein ganzes Stück tiefer liegt als die Füße. Der Golfschwung wird dadurch steiler, und das Schlägerblatt wird sich beim Abschwung nicht so schnell schließen.

Eine weitere Ursache für einen Hook liegt im Abschwung. Wenn der Schlä-

... Zur Abhilfe sollte man aus Lagen üben, bei denen der Ball tiefer liegt als die Füße

gerkopf die Hände vor dem Treffmoment überholt, so kommt er meist geschlossen an den Ball und wird diesen nach links abdrehen lassen.

Fast immer tritt dieses Schwungproblem auch mit zu wenig Hüftdrehung beim Abschwung auf. Wenn die Hüften im Abschwung nicht aus dem Weg drehen, sondern stoppen, bewegen sich die Hände meist unabhängig weiter, und dadurch dreht sich das Schlägerblatt zu. Um dieses Problem zu lösen, müssen Sie sich beim Abschwung darauf konzentrieren, die Hüften seitlich nach links zu drehen und die Hände im Treffmoment vor den Ball zu bringen, den Schläger also etwas später freizugeben.

Sind beim Abschwung Arme, Hände und Schläger im Verhältnis zur Körperdrehung zu schnell, so entstehen Hooks ...

... Um das Problem zu beseitigen, sollte man sich beim Abschwung darauf konzentrieren, die Hüften schnell aus dem Weg zu drehen

Toppen

Dieses Problem ist unter Anfängern am weitesten verbreitet und besonders entmutigend, da der Ball nur am Boden entlangrollt und kaum eine große Strecke zurücklegt.

Es gibt drei grundsätzliche Arten zu toppen:

- Der tiefste Punkt des Schwungbogens kann zu weit rechts liegen,
- er kann zu weit links liegen, oder
- er kann insgesamt zu hoch sein.

Es ist ein weitverbreiteter Irrglaube, daß die Ursache für Toppen in der Neugier des Golfers liege, dem Ball schon vor dem Treffmoment gewissermaßen hinterherzuschauen. Auch das Anziehen des linken Armes ist nie für das Treffen des Balles oberhalb des Äquators verantwortlich. Erster Grund fürs Toppen: Der Schläger ist zu früh tief und befindet sich im Treffmoment schon wieder in der Aufwärtsbewegung, wodurch er den Ball meist nur an der oberen Hälfte trifft.

Bei dieser Art des Toppens, die meist zusammen mit fetten Schlägen auftritt, gibt es zwei mögliche Ursachen:

1. Der Schwung verlief zu sehr von innen nach außen. Hierdurch verlagert sich der tiefste Punkt des Schwunges zu weit rechts vom Ball, und es kommt zu dem beschriebenen Problem. Dabei werden Divots – sofern welche auftreten – nach rechts zeigen und der Ball auch häufig nach rechts starten; egal ob getoppt oder nicht. Um das Problem zu lösen, müssen Sie den Schläger mehr vor statt hinter dem Körper bewegen, damit der Schläger steiler in den Ball kommt. Zeigen Sie mit dem Schlägerschaft im höchsten Punkt des Ausholens mehr nach links.

2. Der Schläger kann den Ball auch in der Aufwärtsbewegung treffen, wenn er sich zwar auf der richtigen Bahn bewegt, die Hände aber vor dem Treffmoment überholt.

Der Durchschwung fühlt sich in diesem Fall dann meist sehr eng an. Die Divots werden zum Ziel zeigen, und die gut getroffenen Bälle werden zu hoch fliegen und manchmal auch hooken. Um dieses Problem zu lösen, sollten Sie am Anfang nur halbe Schläge machen, bei denen Sie kurz nach dem Treffmoment stoppen und dann kontrollieren, ob sich der linke Arm und der Schläger in einer Linie befinden. Wenn der Schlägerkopf die

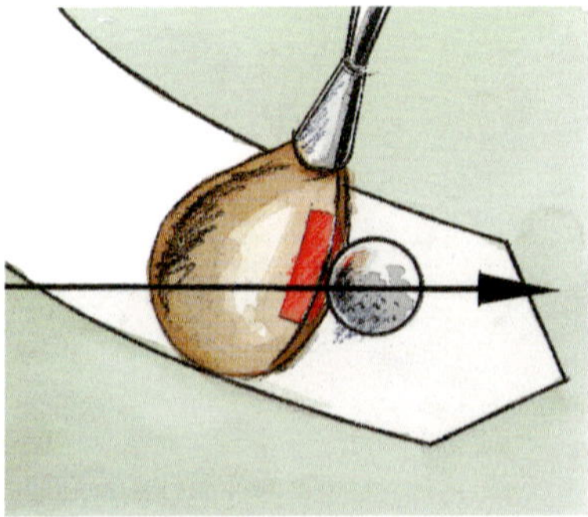

Wenn der Schläger zu stark von innen an den Ball kommt, bewegt er sich im Treffmoment schon wieder nach oben.

Der Schläger kann den Ball auch in der Aufwärtsbewegung treffen, weil sich die Hände im Treffmoment hinter dem Ball befinden ...

Hände vor dem Treffmoment überholt hat, werden sich der rechte Arm und der Schläger in einer Linie befinden. Wenn Sie diese Korrektur richtig ausführen, wird der Schläger zuerst den Ball treffen und dann ein Divot herausschlagen.

... Halbe Schläge, bei denen schon in dieser Position abgestoppt wird, helfen die richtige Bewegung zu erlernen

Bei einem Schlag mit einem Eisen muß man ein Divot herausschlagen, denn ohne Divot kann man zwar manchmal erfolgreich sein, wird aber nie zu regelmäßigen Schlägen kommen.

Der zweite physikalische Grund für einen getoppten Ball ist gegeben, wenn der tiefste Punkt des Schwungbogens des Schlägers zu weit links vom Ball liegt. Auch hier gibt es wieder zwei mögliche Ursachen:

1. Der Schläger schwingt zu stark von außen nach innen durch den Ball. Hierdurch verlagert sich der tiefste Punkt des Schwunges zu sehr vor den Ball, und der Schläger ist dann am Ball noch nicht tief genug. Die getoppten Bälle werden in diesem Fall meist nach links starten, und die nicht getoppten Bälle werden eher slicen oder pullen. Um dieses Problem zu lösen, müssen Sie den Schläger mehr von innen an den Ball bringen, indem Sie sich vergewissern, daß der Schaft durch eine volle Schulterdrehung im höchsten Punkt des Ausholens zum Ziel oder sogar leicht rechts davon zeigt.

Schwingen Sie beim Abschwung Ihre Arme mit wenig Körperdrehung (dies bezieht sich auf Schultern und Hüften) nach unten.

2. Die zweite Möglichkeit, den Ball zu hoch zu treffen, weil der Schläger seinen Scheitelpunkt noch nicht erreicht hat, tritt dann auf, wenn sich der beim Ausholen gebildete Winkel zwi-

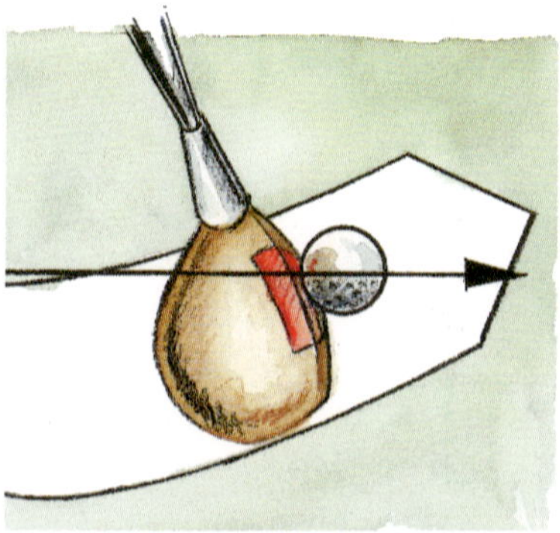

Wenn der Schläger von außen nach innen durch den Ball schwingt, befindet sich der tiefste Punkt des Schwunges zu weit links

schen linkem Arm und Schlägerschaft im Abschwung zu spät auflöst. Bei diesem zu späten Schlagen hat sich im Treffmoment noch nicht der ursprüngliche Radius wiederhergestellt. Um hier Abhilfe zu schaffen, müssen Sie beim Abschwung durch einen früheren Einsatz der Handgelenke den Schläger früher schnell machen und das Gefühl haben, vor dem Ball in den Boden zu schlagen.

Die letzte physikalische Möglichkeit, den Ball zu toppen, liegt dann vor, wenn der tiefste Punkt des Schwungbogens insgesamt zu hoch ist. Die Hauptursache ist fast immer eine zu flache Schwungebene. Wenn sich die Arme, der Schläger und/oder die Schultern auf einer sehr flachen Ebene bewegen, so wäre dies richtig, um einen Ball zu schlagen, der sich in der Luft befindet, wie zum Beispiel beim Baseball. Um aber einen Ball zu schlagen, der auf dem Boden liegt, müssen sich Arme und Schläger auf einer gewissen Schräge befinden.

Wenn das Schlagen (Auflösen des Winkels zwischen Schläger und Armen) zu spät geschieht, befindet sich der Schlägerkopf am Ball noch zu hoch

Wenn die Arme beim Ausholen zu wenig nach oben schwingen, kommen sie beim Abschwung meist zu wenig nach unten

Als gute Übung, um das Gefühl dafür zu bekommen, wie die Arme und der Schläger beim Ausholen besser nach oben kommen, eignen sich Schläge aus einer Hanglage, in der der Ball tiefer liegt als die Füße. Achten Sie auch darauf, daß sich die Schultern senkrecht zur Wirbelsäule drehen und nicht flacher, was den Körper immer aufrichtet. Wenn Sie die richtige Ursache für Ihr Toppen erkannt haben, sollte es Ihnen nicht mehr schwerfallen, den Ball regelmäßig in die Luft zu bringen.

Fette Schläge

Fette Schläge, also Schläge, bei denen der Schläger schon vor dem Treffen des Balles den Boden berührt, führen immer zu einem beträchtlichen Verlust an Schlaglänge, weil der Schläger natürlich deutlich abgebremst wird. Es gibt für diesen Schlag, genau wie für den in der Aufwärtsbewegung getoppten Ball, zwei Ursachengruppen:

1. Die Schwungbahn verlief von innen nach außen. Auch hier müssen Sie den Schläger mehr vor statt hinter dem Körper bewegen, damit der Schläger steiler in den Ball kommt. Zeigen Sie mit dem Schlägerschaft im höchsten Punkt des Ausholens mehr nach links.

2. Die zweite Möglichkeit für einen fetten Schlag tritt dann auf, wenn der Schläger sich zwar auf der richtigen Bahn bewegt, die Hände aber vor dem Treffmoment überholt. Auch hier eignet sich die beim Toppen erwähnte Übung mit den halben Schlägen. Erlernen Sie den Schlag nach unten.

Golfer, die unter fetten Schlägen leiden, neigen verständlicherweise dazu, einen Schlag mit Divot mit einem schlechten Schlag gleichzusetzen, da sich bei ihnen das Divot immer vor dem Ball befindet. Die instinktive Schlußfolgerung lautet dann: Divot vermeiden. Das ist aber nicht richtig. Die richtige Schlußfolgerung muß lauten: Divot mehr nach links bekommen, was Sie, wie beschrieben, entweder durch die Schwungbahn oder durch die Position der Hände im Treffermoment mehr vor dem Ball erreichen.

Treffen mit der Hacke (Sockets)

Wenn der Ball nicht mit dem Sweet Spot des Schlägers getroffen wird, sondern mit einem Punkt, der sich näher an der Hacke des Schlägerkopfes befindet, so wird sich der Schläger in den Händen verdrehen und durch die dort verbrauchte Energie erheblich an Schlaglänge verlieren. Wenn der Ball sogar mit dem Hosel des Schlägers getroffen wird, spricht man von einem Socket oder Shank. Der Ball wird dann fast im rechten Winkel nach rechts gehen; in ganz extremen Fällen und bei Schlägen mit dem Holz nach links.

Es gibt hier drei Hauptursachen:

1. Die häufigste Ursache liegt in einer zu flachen Arm- und/oder Schlägerebene. Wenn sich Arme und Schläger beim Ausholen zu sehr nach hinten und nicht genügend nach oben bewegen, werden sie beim Abschwung zu sehr nach vorne und zu wenig nach unten kommen. Das Ergebnis ist ein Schlag mit der Hacke des Schlägers. Von der Seite aus gesehen muß der Schläger in einem gewissen Maße nach hinten

Wenn der Schläger beim Ausholen zu viel nach hinten schwingt, kommt er beim Abschwung meist zu viel nach vorne

und in einem gewissen Maße nach oben geschwungen werden. Die Strecke, die der Schläger nach hinten geschwungen werden muß, ist aber im Vergleich zu der Strecke, die er nach oben schwingen muß, relativ gering.

Um die Ursache für diese Art des Sockets zu beseitigen, sollten Sie dafür sorgen, daß der Schläger durch das Abwinkeln der Handgelenke in die Luft gebracht wird, statt mit zu viel Unterarmrotation nach hinten.

Bei der Bewegung der Arme sollten Sie darauf achten, daß diese nicht zu sehr der Drehung des Körpers folgen, sondern sich im zweiten Teil des Ausholens vom Körper lösen und nach oben schwingen, sich also auf einer steileren Ebene bewegen als die, auf der sich die Schultern drehen. Eine gute Übung sind auch hier Schläge aus einer Lage, bei der der Ball sich tiefer befindet als die Füße. Dies zwingt sie in eine steilere Ebene.

2. Die zweite Ursache für Sockets ist ein zu spätes Schlagen. Wenn sich der Winkel zwischen linkem Arm und Schläger beim Aufschwung zu spät auflöst, kann sich das Schlägerblatt nicht schließen und bleibt zu lange hinten, so daß auch hier der Schlägerkopf den Ball nur mit der Hacke trifft. Eine tiefere Ursache kann in einem zu hohen Griffdruck liegen oder in der Vorstellung, den Schläger mit der linken Hand nach unten zu ziehen. Es ist nicht richtig zu versuchen, den Ball gewissermaßen mit der Handkante zu schlagen. Das Schlägerblatt und der Handrücken sind vielmehr gleichzusetzen.

3. Die letzte Ursache für Schläge mit der Hacke betrifft all diejenigen, deren lange Schläge pullslicen, also nach links starten und dann im Verlauf des Fluges nach rechts abdrehen.

Hier kommen Schläger und Arme meist aufgrund eines offenen Schlägerblattes beim Abschwung zu sehr nach vorne. Wenn der Ball nämlich dauernd nach rechts abdreht, dauert es nicht sehr lange, bis man anfängt, mehr nach links zu schwingen, damit der Ball wenigstens etwas nach links startet und sich das Abdrehen des Balls nicht ganz so verheerend auswirkt.

Um aber durch den Ball hindurch nach links schwingen zu können, also von außen nach innen, muß der Schlägerkopf im Abschwung zu weit vorne sein. Hieraus resultieren dann meist Schläge mit der Hacke –

insbesondere bei Schlägen mit Hölzern, weil dort das Abdrehen des Balles meist am stärksten ist. Wollen Sie die Ursache beseitigen, müssen Sie als erstes dafür sorgen, daß das Schlägerblatt im Treffmoment nicht mehr offen, also nach rechts verdreht ist, was meist am Griff oder am Handgelenk liegt. Schauen Sie sich dazu noch einmal das Kapitel über den Slice an (siehe Seite 120 ff.). Sobald das Schlägerblatt dafür sorgt, daß der Ball nicht mehr nach rechts abdreht, können Sie damit beginnen, den Abschwung wieder so einzuleiten, daß der Schläger von innen an den Ball kommt. Hierzu sollten Sie sich darauf konzentrieren, die Schultern beim Ausholen voll aufzudrehen und Ihre Arme ohne viel Schulter- oder Hüftdrehung beim Abschwung nach unten statt nach vorne schwingen.
Ich bin sicher, daß Sie dann den Ball wieder mit dem Sweet Spot Ihres Schlägers treffen und ihn viel weiter schlagen werden.

Treffen mit der Spitze

Für das Treffen des Balles mit der Spitze des Schlägers gibt es zwei Hauptursachen:
1. Bewegen sich Arme und Schläger beim Ausholen zu steil nach oben und nicht genügend nach hinten, werden sie beim Abschwung zu steil nach unten und zu wenig nach vorne kommen. Das Ergebnis ist ein Schlag mit der Spitze des Schlägers.

Um Arme und Schläger auf eine flachere Ebene zu bekommen, gibt es zwei Übungen. Die erste besteht aus Baseballschwüngen. Hierbei wird sich automatisch mehr Unterarmrotation ergeben, was den Schläger flacher macht. Die Arme werden zudem mehr um den Körper herumschwingen, also auch flacher werden.

Als zweite Übung sollten Sie Bälle schlagen, bei denen sich der Ball höher befindet als die Füße. Auch dies zwingt Sie in eine flachere Schwungkurve.
2. Die zweite Ursache für Schläge mit der Spitze des Schlägers ist ein zu geschlossenes Schlägerblatt im Treffmoment. Je mehr Sie das Schlägerblatt zudrehen, desto

näher wird die Schlägerspitze an den Ball kommen. In diesem Fall sollten Sie sich vergewissern, daß sich Ihre Hände nicht zu sehr rechts am Schläger befinden und daß sich Ihre Hüften im Abschwung schnell aus dem Weg drehen, da sonst der Schlägerkopf die Hände zu früh überholt und sich dadurch der Schläger zu früh schließt.

Wenn die Arme beim Ausholen zu steil nach oben schwingen, kommen sie beim Abschwung meist zu wenig nach vorne

Welche der beiden Ursachen für das Treffen mit der Spitze verantwortlich ist, können Sie an den Bällen der langen Schläge ablesen, die Sie nicht mit der Spitze getroffen haben: slicen diese, so ist die Armebene flacher zu machen; hooken sie, so müssen Sie beim Abschwung die Hüften schneller aus dem Weg drehen und später schlagen.

Zu wenig Länge

Bevor Sie nun eine der folgenden Hinweise ausprobieren, um Ihre Schlägerkopfgeschwindigkeit zu steigern, sollten Sie sich sicher sein, daß Ihre unzureichende Schlaglänge auch wirklich an mangelnder Schlägerkopfgeschwindigkeit liegt und nicht an einem fehlerhaften Treffmoment. In den meisten Fällen liegt die zu geringe Schlaglänge daran, daß entweder das Schlägerblatt nicht gerade ist, meist nach rechts verkantet (und ein Slice wird durch die hohe Flugkurve immer kürzer fliegen), oder daß der Ball nicht mit dem Sweet Spot getroffen wurde oder daß der Schläger nicht im richtigen Winkel an den Ball kam. In all diesen Fällen nützt es natürlich nichts, die Geschwindigkeit des Schlägerkopfes zu steigern.

Wenn Sie nun sauber treffen und gerade schlagen, aber dennoch nicht mit der Länge Ihrer Schläge zufrieden sind, sollten Sie überprüfen, ob Ihre Handgelenke beim Ausholen genügend abwinkeln. Denn ein Schwung ohne Handgelenke wird nie eine hohe Geschwindigkeit erzielen. Damit die Handgelenke während des Schwunges das Richtige tun, ist ein richtiger Griff die Voraussetzung. Speziell, wenn der Schläger die Hand in einem zu steilen Winkel kreuzt und dadurch der linke Handballen nicht genügend von oben auf den Schläger kommt, wird das Abwinkeln fast unmöglich. Greifen Sie hierzu den Schläger auf der linken Körperseite, und vergewissern Sie sich, daß der linke Handballen so weit von oben auf dem Schläger zum Liegen kommt, daß über die ganze Fläche der Hand von vorne nichts mehr vom Schlägergriff zu sehen ist. Jetzt ist es noch wichtig, daß Sie nicht zu fest zugreifen und beim Ausholen schnell einen Winkel zwischen linkem Arm und Schläger bilden.

Der zweite Hauptgrund für eine zu geringe Geschwindigkeit des Schlägerkopfes liegt in einer falschen Körperdrehung. Genau wie beim Werfen eines Schlagballes muß sich beim Ausholen eine Spannung zwischen oberer und unterer Körperhälfte aufbauen. Je mehr sich die obere Körperhälfte dreht und je weniger die untere mitdreht, desto mehr Spannung ergibt sich im Körper. Dies ist die Voraussetzung für eine hohe Schlägerkopfgeschwindigkeit. Es gibt also zwei Ursachen, warum die Spannung zu gering ist. Die Schultern können sich zu wenig oder die Hüften zu viel gedreht haben. Wenn Sie die Drehung der Hüften vermindern, sollten Sie jedoch darauf achten, daß der Schläger im höchsten Punkt der Ausholbewegung weiterhin zum Ziel zeigt, da er sonst nicht im richtigen Winkel an den Ball kommen wird. Als Übung kann man hierzu seinen rechten Fuß etwas nach innen drehen; dies wird das Drehvermögen der unteren Körperhälfte einschränken. Wenn Ihre Schlaglänge jetzt immer noch nicht ausreicht, müssen Sie die Geschwindigkeit des Armschwungs erhöhen. Untersuchungen haben ergeben, daß Amateurgolfer – anders als bisher vermutet – für den Abschwung sogar mehr Zeit benötigen als Tourspieler.

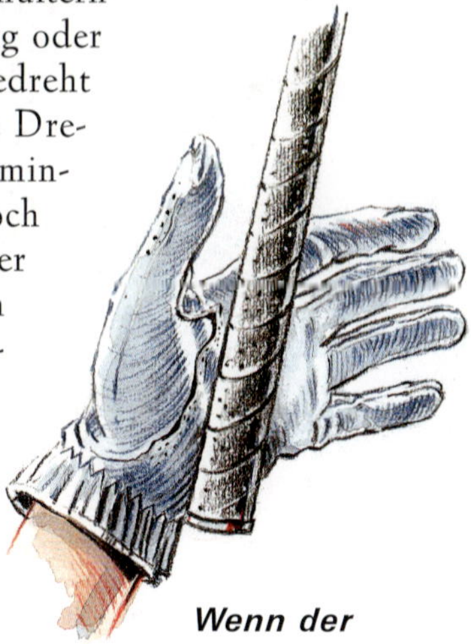

Wenn der Schläger zu steil durch die linke Hand verläuft, wird das Abwinkeln der Handgelenke extrem erschwert (ergibt zu wenig Länge)

ANHANG

Die Qualität Ihres Trainings bestimmt maßgeblich die Entwicklung Ihres Spielniveaus; gedankenloses „Bälle-Schlagen" hat noch keinen weitergebracht.

Wie sollte der Anfänger beginnen?

Erlernen Sie Golf mit professioneller Hilfe. Nehmen Sie Unterricht bei einem Golflehrer. Natürlich kann man Golf auch autodidaktisch erlernen, doch ich kann Ihnen aus eigener Erfahrung versichern, daß es erheblich länger dauern und auch nicht zum gleichen Erfolg führen wird. Da es im Golf noch keine vereinheitlichte Lehrmethode gibt, sollte man, nachdem ein geeigneter Lehrer gefunden wurde, möglichst nicht mehr wechseln.

Ein guter Lehrer wird die Ursache Ihrer Fehlschläge erkennen und durch entsprechende Korrekturen Lernprozesse verkürzen

„Vom Einfachen zum Schwierigen" lautet eine der Grundregeln im Sportunterricht. Deshalb sollte der Anfänger mit den kurzen Schlägen beginnen. Um aber den Bezug zu den vollen Schlägen sicherzustellen, bietet sich der Pitch (hoher Annäherungsschlag) an. Der Pitch ist im Gegensatz zum Chip (flacher Annäherungsschlag) oder Putt kein Spezialschlag, sondern nur eine kleine Version des vollen Schwunges. Der ideale Schläger ist der Sand-Wedge; er hat im Vergleich zu den anderen Eisen den kürzesten Schaft (macht das Treffen einfacher) und die größte Schlagflächenneigung (bringt den Ball einfacher in die Luft). Eine 30–50 Meter entfernte Fahne (möglichst auf einer Annäherungsanlage und nicht auf der Range) ist das Ziel.

Doch bevor Sie Bälle zu der Fahne schlagen können, müssen Sie den richtigen Griff erlernen, der genau dem der langen Schläge entspricht. Nach etwa 20 Versuchen sollten dann Haltung und Stand erlernt werden, die sich auch nicht von den langen Schlägen unterscheiden. Je nach Ballflug beschäftigen Sie sich dann mit den wichtigsten Prinzipien des Schwunges.

Sobald die kurzen Schläge mit einiger Regelmäßigkeit gelingen, kann zu vollen Schwüngen übergegangen werden, wobei der Ball dann bis zu 70 Meter weit fliegt. Sobald auch das häufiger zu Erfolg führt, sollten nach und nach längere Schläger

Man beginnt beim Golf mit kurzen Schlägen, weil sie einfacher zu erlernen sind

(Eisen 9, Eisen 7, Eisen 5, Holz 5 etc.) genommen werden. Dieser Prozeß dauert zwischen drei und zwanzig Stunden. Währenddessen sollten die Grundbegriffe beim Putten und Chippen erlernt werden (jeweils circa eine Stunde). Wenn der Anfänger diese Grundkenntnisse besitzt, sollte er mit dem Golflehrer über den Platz gehen, um Golf in der Praxis kennenzulernen. Dabei läßt sich erkennen, was verstärkt geübt werden muß, um die für die Platzreife erforderliche Schlagzahl zu erreichen.

Wie häufig sollte man üben?

Wenn die Platzreife ernsthaft angestrebt wird, sind zwei bis drei Übungseinheiten pro Woche das absolute Minimum. Nach den ersten Stunden, die man am besten unter der Aufsicht des Golflehrers trainiert, hat sich ein Rhythmus von einer Unterrichtsstunde gefolgt von zwei bis drei Trainingseinheiten ohne Golflehrer bewährt. Am Anfang nimmt man am besten jeweils zwei halbe Unterrichtsstunden; später reicht dann zur Kontrolle eine halbe Stunde.

Wie lange braucht man bis zur Platzreife?

Diese häufig gestellte Frage läßt sich nur schwer beantworten, da der Zeitaufwand, das Talent und die sportliche Vorbildung sehr unterschiedlich sind. Es hat schon talentierte Jugendliche gegeben, die über eine so umfangreiche Sporterfahrung verfügten, daß sie die für die Platzreife erforderliche Spielstärke in einer Woche intensiven Trainings erreicht hatten. Auf der anderen Seite müssen ältere Menschen, die in ihrem Leben noch keinen Ballsport betrieben und nur am Wochenende Zeit haben, deutlich mehr als ein Jahr dafür einplanen.

Wie wird richtig geübt?

Bevor Sie mit dem Training der langen Schläge beginnen, sollten Sie sich zuerst einmal funktionell aufwärmen (siehe Anhang). Danach nimmt man aber auch noch nicht das Eisen 7 oder gar ein Holz in die Hand und macht volle Schläge, wie das die meisten Golfer tun, sondern beginnt mit halben Schlägen mit dem Wedge. Erst nach circa 15 kurzen Schlägen werden volle Schläge mit dem Wedge gemacht, und erst nach knapp 10 vollen Schlägen sollen nach und nach längere Schläger genommen werden. Nun kommt es darauf an, ob Sie nach dem Training auf die Runde gehen oder ausschließlich trainieren wollen.

Wenn Sie sich zur Vorbereitung des Spiels auf dem Platz nur einschlagen, sollten Sie mit den Eisen 9, 7, 5 und dem Holz 5 noch einige Schläge machen und dann mit dem kurzen Spiel beginnen, dem Sie auch etwa eine halbe Stunde widmen. Zuerst chippen Sie einige Bälle, danach folgen Pitches und Bunkerschläge, und die letzte Viertelstunde gehört dem Putten.

Wenn man auf der Range ausschließlich trainiert, so arbeitet man hauptsächlich am Schwung. Dabei übt man vorzugsweise mit einem Schläger. Erinnern Sie sich an die Korrekturen aus der letzten Golfstunde und versuchen Sie, diese umzusetzen. Hierzu muß man mitunter experimentieren, um herauszufinden, mit welchem Gefühl sich die jeweilige Korrektur am besten ausführen läßt.

Arbeiten Sie auf der Range an den Korrekturen der letzten Golfstunde

Beim Üben der Annäherungsschläge sollte man den jeweiligen Schlag so lange aus einer bestimmten Entfernung üben, bis er mit der richtigen Technik regelmäßig gelingt. Danach geht es darum, ein Gefühl für die unterschiedlichen Entfernungen zu entwickeln. Dabei hat es keinen Sinn, unzählige Bälle auf eine Fahne zu spielen. Das Ziel sollte wenn möglich nach jedem Schläg geändert werden. Am einfachsten geht dies, wenn Sie nicht jedesmal Ihren Standort wechseln, sondern von einem Punkt aus verschiedene Fahnen anspielen. Falls die zur Verfügung stehenden Übungsanlagen dies nicht zulassen, sollten Sie sich mehrere Stapel mit Bällen in 10-Meter-Abständen von der Fahne plazieren und dann nach jedem oder jedem zweiten Schlag die Position wechseln. Eine gute Übung ist es auch, circa 20 Bälle wahllos um das Pitching-Grün zu verteilen (im Bunker, im Rough, auf dem Vorgrün, in Hanglagen, hinter und direkt neben dem Bunker) und dann nacheinander an die Fahne zu spielen.

Man kann das kurze Spiel sinnvoll trainieren, indem man einige Bälle wahllos um das Grün verteilt und dann zur Fahne spielt

Funktionelles Aufwärmen

Ein sinnvolles, funktionsgerechtes Aufwärmen ist für Golfspieler genauso wichtig wie für alle anderen Sportler. Leider sind Golfer, die sich in dieser Weise auf das Training oder das Spiel vorbereiten, die absolute Ausnahme. Beim Sprint-Training käme niemand auf die Idee, sich nach der Ankunft auf dem Parkplatz die Spikes anzuziehen und sofort 100 Meter auf Zeit zu laufen. Beim Golf scheint dies jedoch fast die Regel zu sein. Nach dem Erreichen der Range wird meist sofort zum Eisen 7 – oft sogar gleich zum Holz – gegriffen, um von Anfang an möglichst weit zu schlagen.

Ein gezieltes Auf- und Abwärmen sollte immer Bestandteil Ihres Trainings sein

Die wenigen aber, die sich überhaupt aufwärmen oder dehnen, machen dies meist falsch, indem sie traditionelle, das heißt vor allem rückenschädigende Übungen wie Beckenkreisen, Rumpfvorbeugen, Streckungen ins Hohlkreuz, gleichzeitiges Schwingen von mehreren Schlägern u.ä. durchführen. Oft wird dann auch noch überzogen federnd gedehnt, wobei Bänder und Sehnen überlastet werden.

Das richtige Aufwärmen dient nicht nur der Prävention von Verletzungen (Zerrungen, Muskelfaserrissen, Blockierungen von Wirbelgelenken etc.), sondern auch der Erhöhung der Gelenkmobilität und der Verbesserung der gesamten Körperkoordination.

Das richtige Aufwärmen besteht aus vier Phasen:

▶ Am Anfang steht die *Mobilisationsphase.* Sie dient zur Anregung des Herz-Kreislauf-Systems, der besseren Durchblutung der Muskeln und der Erwärmung der „Gelenkschmiere“, was in der Folge „reibungslose“ Bewegungen ermöglicht. Die Bewegungen werden hier langsam und leicht, aber dennoch fließend ausgeführt. Jede Bewegung wird zweimal hintereinander durchgeführt.

- Nun folgt das *Stretching*. Stretching ist ein Synonym für gehaltene Muskeldehnung. Die Skelettmuskulatur soll damit auf schonende Art optimal auf kommende Belastungen vorbereitet werden. Hierbei geht man am besten wie folgt vor. Zuerst wird der Muskel vorsichtig bis zur leichten Zugempfindung gedehnt. Diese Position wird dann etwa 10 Sekunden lang gehalten. Jetzt entspannt man den Muskel knapp zwei Sekunden, um dann vorsichtig weiter zu dehnen, bis zur erneuten Zugempfindung. Der ganze Vorgang wird bei jeder Übung zweimal wiederholt.
- Jetzt kommen *dynamische Koordinationsübungen*. Nach dem Stretching muß die Muskulatur nun auf die dynamische Belastung vorbereitet werden. Die Koordinationsübungen werden langsam begonnen und dann im Ablauf gesteigert. Die dynamischen Übungen werden fünfmal wiederholt.
- Schließen Sie nun Ihr Aufwärm-Programm mit *golfspezifischen Übungen* (Probeschwünge) ab. Am besten eignen sich Schwünge mit geschlossenem Stand (Füße unmittelbar nebeneinander), Baseball-Schwünge (Schlägerkopf in der Ansprechposition etwa hüfthoch) und seitenverkehrte Schwünge (Rechtshänder wie Linkshänder und umgekehrt).

Funktionelle Dehn- und Kräftigungsübungen für die hauptsächlich beanspruchte Arm-, Rumpf- und Oberschenkelmuskulatur sind beim Golf besonders wichtig

Sie werden schnell feststellen, daß die ersten Schläge viel erfolgreicher werden, wenn Sie richtig vorbereitet sind. Wenn Sie jetzt mit Golfschlägen beginnen, so sollte Ihr erster Schläger ein Wedge sein. Machen Sie zu Beginn nur halbe Schläge, und fangen Sie erst nach 20 Schlägen an, längere Schläger zu verwenden. Planen Sie für die richtige Vorbereitung vor den ersten Schlägen mindestens zehn Minuten ein.

Nach der Runde sollten Sie sich zum Ausgleich der vorangegangenen Belastung auch noch genügend Zeit für eine gezielte *Wirbelsäulengymnastik* nehmen.

Etikette

Auch wenn es akzeptabel ist, daß ein Anfänger außerhalb eines Wettspiels über den Platz geht, ohne alle Regeln vollständig zu beherrschen, so kann es jedoch nicht gebilligt werden, wenn er dies ohne jede Kenntnis von Etikette tut.

Damit die Mitspieler vom Grün aus keine fremden Bälle treffen, wird der eigene Ball markiert und erst wieder hingelegt, wenn man an der Reihe ist

Wenn der Ball auf dem Grün liegt, muß die Fahne aus dem Loch herausgenommen werden

Je populärer Golf wird, desto wichtiger wird die Einhaltung der Etikette, damit allen Golfern der größtmögliche Spaß an diesem Spiel erhalten bleibt. Schlimmer als die Unkenntnis über die Regeln der Etikette ist allerdings die wissentliche Nichteinhaltung aus Faulheit oder Arroganz. Golf war von jeher ein Spiel für Sportsmänner und -frauen, und so soll es auch bleiben.

Kleidung

Dem Anfänger, der das erste Mal auf den Golfplatz kommt, um seine erste Stunde zu nehmen, stellt sich die Frage: „Was zieht man auf dem Golfplatz an?" Die Zeiten, in denen die Herren mit Jackett und Krawatte und die Damen in langen Röcken Golf spielten, sind längst vorbei. Heute wird das getragen, was bequem ist. Bis auf Golfschuhe und Handschuh gibt es eigentlich keine spezielle Kleidung. Mit einem Polo-Hemd und einer Bundfaltenhose ist man schon völlig adäquat gekleidet. Für die ersten Golfversuche sind auch Turnschuhe ausreichend. In Deutschland wird (im Gegensatz zu einigen anderen Ländern) in Jeans niemandem der Zutritt zum Platz versagt; es gibt jedoch Leute, die sich daran stören. Shorts, Bade- und Trainingsanzüge und schulterfreie Tops bei den Damen sind jedoch auch bei uns tabu.

Die erste Golfstunde

Für den Anfänger beginnt Golf meist mit der ersten Golfstunde. Man ruft dazu am besten im Sekretariat eines Golfclubs an und fragt nach den Modalitäten. Erkundigen Sie sich, ob Sie im voraus bezahlen müssen, ob Sie die „Range-Bälle" vor der Stunde selber besorgen müssen, wo man sich trifft und ob Sie Leihschläger bekommen können. Wenn Sie unvorbereitet oder zu spät zur Golfstunde erscheinen, so geht dies alles von Ihrer Übungszeit ab. Für Ihre erste Lektion sollten Sie auf jeden Fall zwei halbe Stunden buchen, denn viele Golflehrer geben ihren Unterricht in 30-Minuten-Einheiten.

Erkundigen Sie sich, ob Sie nach und zwischen den einzelnen Stunden die Übungsanlagen des Clubs benutzen dürfen und ob Sie hierfür ein „Range-Fee" entrichten müssen.

Auf den Übungsanlagen

Auf der Driving-Range passieren viele Unfälle, die alle vermeidbar wären, wenn sich jeder an die Etikette halten würde. Folgende Regeln sind unbedingt einzuhalten:

- Begeben Sie sich nie auf die Fläche jenseits der Abschlagmarkierungen, auch nicht, um ein Tee oder ein Divot aufzusammeln. Verunglückte Schläge der Nachbarn streuen mitunter bis zu 89°. Sie sollten genügend Tees mitbringen, damit Sie diese erst nach einer größeren Anzahl von Schlägen in Absprache mit den Mitübenden zusammen aufzusammeln brauchen. Divots werden auf der Range grundsätzlich nicht wieder aufgesammelt, weil die nachfolgenden Benutzer der Range sonst auf noch nicht wieder angewachsenen Divots ausrutschen könnten. In der Umgebung der Pitching-Grüns werden Divots jedoch wieder eingesetzt, da hier die Gefahr des Ausrutschens wegen der kleinen Schwünge nur gering ist.
- Machen Sie mit Ihrem Schläger nie Probeschwünge in die Richtung anderer Golfer. Die Schlägerköpfe der meisten Schläger sind nur angeklebt und lösen sich hin und wieder. Außerdem wäre es auch sehr unangenehm, ein Divot herauszuschlagen und einen anderen Spieler mit der Erde zu treffen. Diese Etikette gilt natürlich für den ganzen Golfplatz.
- Driving-Range-Bälle dürfen nicht wieder aufgesammelt werden. Zum einen wäre dies mitunter lebensgefährlich, zum anderen muß die Range vom Verkauf der Bälle unterhalten werden. Auf den Annäherungsgrüns ist es jedoch Pflicht, die Rangebälle, sofern diese dort verwendet werden dürfen, wieder aufzusammeln, da die Ballsammelmaschinen hier nicht fahren können und viele Golfer ihre eigenen Bälle verwenden.
- Auf dem Putting-Grün verwendet man zum Putten keine Driving-Range-Bälle. Erkundigen Sie sich, ob auf das Putting-Grün gechippt werden darf. Pitches sind hier grundsätzlich nicht erlaubt, weil die Pitchmarken das Putten zum Glücksspiel machen würden.
- Genau wie die Bunker auf dem Platz werden auch die Bunker an den Annäherungsgrüns nach dem Üben geharkt.
- Es ist eine weitverbreitete Unsitte, Körbe mit Übungsbällen einfach auf der Range stehenzulassen. Hierfür gibt es in allen Clubs einen besonderen Platz (meist neben

dem Ballautomaten), an den diese nach dem Training zurückgestellt werden.

▶ Driving-Range-Bälle dürfen keinesfalls auf dem Platz benutzt werden. Sie sind Eigentum des Besitzers der Driving-Range.

Auf dem Platz

▶ Wenn andere Golfer sich auf ihren Schlag vorbereiten, stellt man sich am besten vis-à-vis oder in etwas größerem Abstand hinter sie, jedoch nie in Verlängerung der Ziellinie. Während der Schlagvorbereitung bewegt man sich nicht und macht auch keine Geräusche (Wühlen in der Hosentasche etc.).

▶ Mit dem Caddywagen darf man überallhin fahren außer

1. auf Abschläge
2. über Grüns und Vorgrüns
3. durch Hindernisse und Biotope

▶ Probeschwünge sollten von allen Golfern, die noch nicht absolut sicher sind, daß sie dabei den Boden nicht berühren, neben dem Abschlag gemacht werden.

▶ Der richtige Abstand zur vorausgehenden Spielgruppe ist sehr wichtig: Man schlägt nie, bevor die anderen nicht außer Reichweite sind, wobei man immer von einem optimalen Schlag ausgeht. Man darf allerdings nicht mehr als ein Loch Abstand entstehen lassen, sonst läßt man die nachfolgende Gruppe durchspielen.

▶ Golftasche oder -wagen werden immer auf gleiche Höhe neben den Ball gestellt. Auch bei verunglückten kurzen Schlägen wird der Wagen wieder auf Höhe des Balles gestellt. Am Grün angekommen, stellt man ihn zwischen die Fahne und dem Weg zum nächsten Abschlag, damit man nach dem Einlochen nicht noch einmal zurücklaufen muß.

▶ Eine Runde sollte je nach Größe der Spielgruppe (ein bis vier Spieler) zwischen drei und vier Stunden dauern – und nicht länger. Am meisten Zeit wird zwischen den Schlägen vergeudet. Man sollte während des Spiels mitdenken. Folgende Dinge werden häufig nicht bedacht und kosten viel Zeit:

– Es spielt immer derjenige, dessen Ball am weitesten von der Fahne entfernt ist.

– Die Fahne wird von dem Spieler bedient, dessen Ball dem Loch am nächsten ist.

– Der Spieler, der zuerst eingelocht hat, steckt die Fahne wieder ins Loch.

– Nachdem man seinen Caddywagen neben das Grün gestellt hat, werden alle Annäherungsschläger und der Putter mitgenommen.

– Der Score wird erst am nächsten Abschlag aufgeschrieben. Hat man die Ehre, so wird erst abgeschlagen und dann aufgeschrieben.

▶ Wenn Ihr Ball auf andere Spieler zufliegt, schreien Sie „Fore", und zwar so laut, daß der Gefährdete Sie auch hört. Dieser sollte sich dann sofort ducken und seinen Kopf schützen und nicht zuerst schauen, woher der Warnruf kommt.

▶ Wenn abzusehen ist, daß es schwierig wird, einen Ball im Rough wiederzufinden, läßt man die nachfolgende Spielgruppe unverzüglich durchspielen und nimmt erst dann die erlaubten fünf Minuten Suchzeit in Anspruch. Es ist üblich, daß alle Spieler einer Spielgruppe gemeinsam nach einem Ball suchen.

▶ Eigene und fremde Pitchmarken müssen mit einer Pitchmarkgabel (Geübte können auch ein Tee verwenden) ausgebessert werden.

Sonstiges

▶ In den Golfclubs wird gegrüßt, auch wenn man sich nicht kennt. Auf öffentlichen Golfplätzen ist dies nicht obligatorisch.

▶ Das Rauchen auf dem Golfplatz ist zwar grundsätzlich gestattet (bei extremer Trockenheit gibt es manchmal Einschränkungen wegen Brandgefahr), jedoch dürfen die Kippen keinesfalls ins Gelände geworfen werden.

▶ Nicht alle Clubhäuser dürfen mit Golfschuhen betreten werden. Es ist in diesem Fall dann keine adäquate Lösung, die Schuhe vor der Tür abzustellen und das Clubhaus mit Socken zu betreten.

Bibliographie

Deutschsprachige Literatur

Balk, A.: Fit durch gezielte Gymnastik. Niedernhausen 1991

Ballreich, R./Kuhlow, A. (Hrsg.): Biomechanik der Sportspiele. Teil 1: Einzel- und Doppelspiele. Stuttgart 1992

Budinger, H./Koch, H.: Kinder- und Jugendtraining. Wiesbaden 1994

Grass, A./Wiesenhofer, H.: Golf ohne Handicap. Wien 1991

Grosser, M./Neumaier, A.: Techniktraining – Theorie und Praxis aller Sportarten. München 1982

Hegel, J. H. van: Wie der Golfball fliegen lernte. Starnberg 1983

Heuler, O.: Golf-Technik mit System. Villingen-Schwenningen 1991

Heuler, O.: Golf – Neue Wege zum erfolgreichen Spiel. Niedernhausen 1993

Heuler, O.: Falken Golf Praxis: Der Schwung. Niedernhausen 1994

Hüpper, G.: Handbuch des Golfspiels. Königswinter 1988

Jacobs, J./Bowden, K.: Golf-Praxis. Hamburg 1985

Jacobs, J./Bowden, K.: Golf ohne Fehler. Hamburg 1985

Kaiser, U.: Golf Know-how von A–Z. München 1994

Kassat, G.: Biomechanik für Nicht-Biomechaniker. Bünde 1993

Leadbetter, D.: Alles über Schlag und Schwung. Hamburg 1991

Letzelter, H./Letzelter, M.: Leistungsdiagnostik im Golf. Ahrensburg 1992

Nicklaus, J.: Das Buch der 1000 Tips. Hamburg 1981

Meinel, J./Schnabel, K.: Bewegungslehre – Sportmotorik. Berlin 1987

Müller, I.-G./Heller, G.: Etikette auf dem Golfplatz, warum? Hamburg 1991

Rieder, H./Lehnertz, K.: Bewegungslernen und Techniktraining. Schorndorf 1991

Runyan, P.: Das kurze Spiel – Ihr Weg zum Erfolg. Starnberg 1979

Saunders, V.: Das Golf-Handbuch. Hamburg 1989

Stirk, D.: Geschichte einer Leidenschaft. Königswinter 1987

Watson, T.: Das kurze Spiel. Hamburg 1986

Englischsprachige Literatur

Armour, T.: How to Play Your Best Golf All the Time. London 1992

Armour, T.: A Round of Golf. New York 1959

Ballard, J.: How to perfect your Golfswing. Trumbull 1981

Cochran, A./Stobbs, J.: The Search for the Perfect Swing. London 1968

Cochran, A. J.: Science and Golf. London 1992

Faldo, N.: The Winning Formula. London 1989

Gallway, T.: The Inner Game of Golf. New York 1979

Hebron, M.: See and Feel the Inside Move The Outside. Smithtown NY 1984

Hebron, M.: The Art and Zen of Learning Golf. Smithtown NY 1990

Hebron, M.: Golf Mind, Golf Body, Golf Swing. Smithtown NY 1993

Henderson, I. T./Stirk, D. I.: Golf in the making. Crawley 1979

Henderson, I. T./Stirk, D. I.: Royal Blackheath. Crawley 1981

Hogan, B.: Modern Fundamentals of Golf. Trumbull 1957

Hogan, B.: Power Golf. New York 1953

Hogan, C.: Practicing Golf. Sedona AZ 1990

Hogan, C.: Learning Golf. Sedona AZ 1993

Jacobs, J.: John Jacobs Analyses Golf's Superstars. London 1974

Jacobs, J.: Play Better Golf. London 1990

Jacobs, J.: The Golf Swing simplified. London 1993

Jobe, F. W./Schwab, D. R.: 30 Exercises for better Golf. Inglewood 1986

Jones, E.: Swing the Clubhead. New York 1952

Jones, B.: Bobby Jones on Golf. New York 1966

Kelley, H.: The Golfing Machine. Seattle 1969

Maltby, R.: Golf Club Design, Fitting, Alteration and Repair. Newark 1982

McLean, J.: Golf Digest's Book of Drills. Trumbull 1990

Murphy, M.: Golf in the Kingdom, Arkana 1972

Nelson, B.: Winning Golf. Dallas 1946

Pelz, D.: Putt like the Pros. New York 1989

Pelz, D.: The Pelz Report. Austin 1991–1993

Stanley, L. T.: Swing to better Golf. London 1957

Torrance, B.: Room at the Top. London 1991

Wiren, G.: The PGA-Teaching Manual. Palm Beach 1990

Glossar

Abschlag: Punkt, an dem das zu spielende Loch beginnt. Man nennt auch den ersten Schlag „Abschlag“ (→Tee)

Abschwung: Teil des Schwunges vom Ende der Ausholbewegung bis zum Treffmoment

Albatross: Man hat einen A. gespielt, wenn man ein Loch in drei Schlägen unter →Par absolviert hat

Annäherung: Kurzer Schlag zum Grün

Ansprechposition: Position des Golfers nach dem Einnehmen des Standes und dem Aufsetzen des Schlägers

Aus: Boden, auf dem nicht gespielt werden darf

Back-Nine/Front-Nine: Früher wurden Golfplätze so gebaut, daß man sich beim Spiel der ersten neun Löcher vom Clubhaus entfernte und bei den zweiten neun Löchern wieder in Richtung Clubhaus spielte. Daher findet man auch heute noch häufig die Bezeichnung „Out“ für die ersten und „In“ für die zweiten neun Löcher. Inzwischen werden aber alle Golfplätze so gebaut, daß man sich nach neun Löchern wieder am Clubhaus befindet, um so auch halbe Runden und den Start von zwei Abschlägen (Loch 1 und 10) bei Turnieren zu ermöglichen

Balata: Aus Naturgummi gefertigte Außenhaut mancher Golfbälle. Da diese Bälle sehr schnell spielunbrauchbar werden und auch sehr teuer sind, sollte der Anfänger Bälle mit einer Außenhaut aus Surlyn (Kunststoff) verwenden

Birdie: Man hat einen B. gespielt, wenn man ein Loch in einem Schlag unter →Par absolviert hat

Blinder Schlag: Schlag, bei dem man das Ziel nicht sehen kann

Bogey: Man hat einen B. gespielt, wenn man ein Loch in einem Schlag über →Par absolviert hat

Bounce: Die Leading-Edge ist bei senkrecht zum Boden befindlichem Schaft weiter vom Boden entfernt als die →Trailing-Edge

Bunker: Hindernis in der Form einer besonders hergerichteten Bodenstelle, bei der die Grasnarbe durch Sand ersetzt worden ist

Caddy: Person, die beim Spiel die Ausrüstung eines Spielers trägt

Carry: Distanz, die ein Ball tatsächlich geflogen ist (ohne Rollstrecke)

Chip: Flacher Annäherungsschlag

Cut: Bei großen Turnieren spielt man vier Runden. Nach zwei Runden gibt es einen Cut („Schnitt"), nach dem ungefähr die Hälfte der Spieler weiterspielen dürfen

Divot: Herausgeschlagenes Rasenstück

Dogleg: Spielbahn, die nicht geradlinig verläuft, sondern wie ein „Hundebein" abgeknickt ist

Draw: Flugkurve, bei der der Ball rechts von der Ausrichtung startet und leicht nach links abdreht (→Fade)

Drive: Abschlag mit Holzschlägern an Par-4- und Par-5-Löchern

Driver: Schläger mit dem längsten Schaft und dem geringsten Loft, mit dem man den Ball am weitesten schlagen kann (Holz 1)

Driving-Range: Übungswiese, auf der man gegen eine Gebühr Übungsbälle schlagen kann, ohne sie (in der Regel) nachher aufsammeln zu müssen

Droppen: Wenn man einen Ball nach der Regel fallen lassen muß, nennt man das „droppen"

Dünne Schläge: Ein Schlag wird als „dünn" bezeichnet, wenn der Schläger den Ball zu weit oben, jedoch noch unterhalb des „Äquators" getroffen hat. Dieser Schlag fliegt flacher als ein gut getroffener Ball und hat meist weniger Rückwärtsdrall

Durchschwung: Teil des Schwunges vom Treffmoment bis zum →Finish

Eagle: Man hat einen E. gespielt, wenn man ein Loch in zwei Schlägen unter →Par absolviert hat

Ebene: Beim Golfschwung gibt es unzählige Ebenen. Die gebräuchlichsten sind:

1. *Schlägerebene* (definiert durch den →Lie des Schlägers)
2. *Armebene* (die Schräge des der linken Armes aus der seitlichen Perspektive)
3. *Schulterebene* (Schräge, gebildet aus linker und rechter Schulteroberseite während des Schwunges aus der seitlichen Perspektive gesehen)
Ebenen werden im Golf als flach bezeichnet, wenn sie eher horizontal ausgerichtet sind, und als steil, wenn ihre Ausrichtung im Raum eher vertikal ist

Ehre: Die Partei, die als erste vom Abschlag zu spielen berechtigt ist, hat sozusagen die Ehre

Einfallswinkel: Überbegriff für horizontalen und vertikalen Eintreffwinkel
Horizontaler Eintreffwinkel (des Schlägers in den Ball): Winkel zwischen der Ziellinie und der horizontalen Komponente des Schlägerweges kurz vor dem Treffmoment (nur aus der seitlichen Perspektive zu erkennen)
Vertikaler Eintreffwinkel (des Schlägers in den Ball): Winkel zwischen dem Boden und der vertikalen Komponente des Schlägerweges kurz vor dem Treffmoment (nur aus der frontalen Perspektive zu erkennen)

Etikette: Zur E. gehören alle Verhaltensregeln der Rücksichtnahme, der Fairneß und der Höflichkeit. Das Regelbuch unterteilt die Etikette in Korrektheit und Rücksichtnahme auf dem Platz, Vorrecht auf dem Platz und Schonung des Golfplatzes

Explosionsschlag: Bunkerschlag, bei dem absichtlich vor dem Ball in den Boden geschlagen wird, damit ein Sandpolster unter dem Ball herausgeschlagen, was den Ball hoch aus dem Grünbunker fliegen läßt. Bei diesem Schlag fliegt viel Sand mit aus dem Bunker – wie bei einer Explosion

Fade: Flugkurve, bei dem der Ball links von der Ausrichtung startet und leicht nach rechts abdreht (→Draw)

Fairway: Spielbahn zwischen Abschlag und Grün, auf der das Gras kurz geschnitten wird

Fette Schläge: Ein Schlag wird als „fett" bezeichnet, wenn der Schläger vor dem Ballkontakt in den Boden eingedrungen ist. Hierdurch wird dieser Schlag erheblich an Fluglänge verlieren

Finish: Endposition des Golfschwunges

Flight: Spielgruppe, die im Golf aus zwei bis vier Spielern besteht. Im englischen Sprachraum spricht man von „group“

Fore: International gültiger Warnruf, den man dann ausstößt, wenn ein Ball auf andere Spieler zufliegt und diese treffen könnte

Green-Fee: Gebühr, die man als Gast in einem Golfclub zahlt, um dort einen Tag lang (manchmal auch nur 18 Loch) üben und spielen zu dürfen (→Rangefee)

Hacker: Häufig verwendete, scherzhafte Bezeichnung für einen spielschwachen Golfer

Handicap: Anzahl der Schläge, die der Spieler mehr benötigt, als der Standard des Platzes vorgibt

Head-Pro: Wenn es in einem Golfclub mehrere Professionals gibt, wird der →Pro, der den Pro-Shop leitet oder besitzt, als Head-Pro bezeichnet (→Playing-Pro/→Teaching-Pro)

Hole-in-One: Wenn man vom Abschlag den Ball direkt ins Loch spielt, spricht man von einem H. Es gehört zu den ungeschriebenen Golf-Gesetzen, daß der Spieler, dem ein solcher Schlag gelingt, allen Spielern, die sich zum Zeitpunkt des Schlages auf dem Platz befanden, anschließend im Clubhaus einen Drink ausgibt

Hook: Flugkurve des Balles, bei der der Ball nach links abdreht

Kippen: Eine kippende Schulterbewegung ist eine Drehung der Schultern in einer zu steilen Ebene (bei Rechtshändern linke Schulter zu tief, rechte Schulter zu hoch)

Leading-Edge: Vordere untere Kante des Schlägerkopfes

Lie: Winkel zwischen Schlägerschaft und Boden bei gerade aufliegendem Schläger

Lochwettspiel: Spielart, bei der im Gegensatz zum Zählwettspiel nicht erst nach 18 Löchern zusammengezählt wird, sondern die gewonnenen Löcher gezählt werden

Loft: Winkel zwischen Schlagflächentangente und der Senkrechten zum Boden bei sich senkrecht zum Boden befindlichem Schaft

Oberer Totpunkt:
In der Mechanik: Umschaltpunkt zwischen Aufwärts-

und Abwärtsbewegung. Im Golf: Höchster Punkt der Ausholbewegung

Overlapping-Griff: Griff, bei dem der kleine Finger der rechten Hand in den Spalt zwischen linkem Zeige- und Mittelfinger gelegt wird. Dieser Griff, der auch Vardon-Griff (nach Harry Vardon) genannt wird, wird von über 90 Prozent der Spitzenspieler angewandt

Par: Durchschnittsergebnis eines Professionals (Professional Average Result)

Pitch: Hoher Annäherungsschlag

Pitching-Grün: Übungsgrün, an dem das →Pitchen und Bunkerschläge geübt werden können

Pitchmarke: Kleine Vertiefung, die der Ball hinterläßt, wenn er bei einem hohen Schlag auf das Grün auftriff, und die mit einem speziellen Werkzeug (Pitchmarkgabel) oder einem Tee ausgebessert werden muß

Platzreife: Eine Art Führerscheinprüfung für Golf-Anfänger. Je nach Club muß man eine bestimmte Anzahl von Löchern (meist 9) in einer gewissen Schlagzahl und einer bestimmten Zeit absolvieren und dabei die Beherrschung der Etikette und die Grundkenntnisse der Regeln nachweisen. Die Platzreife, die es in dieser Form in England und Amerika nicht gibt, dient dazu, trotz verhältnismäßig hohem Spielbetrieb in deutschen Clubs einen geregelten Spielablauf zu gewährleisten

Playing-Pro: Professional, der versucht, von Preisgeldern zu leben (→Head-Pro/ →Pro/→Teaching-Pro)

Pre-Shot-Routine: Routine vor dem Schlag (Greifen, Zielen, Ausrichten, Waggeln etc.), die möglichst immer gleich abläuft

Pro-Shop: In fast jedem Clubhaus findet sich der vom →Pro geführte Laden, in dem man alle nötigen Ausrüstungsgegenstände und Bekleidung kaufen kann. Hier erhält man die beste Beratung, insbesondere beim Schlägerkauf, da Ihr Golflehrer am besten beurteilen kann, welche Ausrüstung für Sie geeignet ist

Pro: Abkürzung für „Professional“ (man sagt beim Golf nie Profi) (→Head-Pro/ →Playing-Pro/→Teaching-Pro)

Pronation: Rotation der Unterarme zur Daumenseite

Pull: Flugkurve des Balles, bei der der Ball nach links startet

Push: Flugkurve des Balles, bei der der Ball nach rechts startet

Putt: Schlag mit dem Putter, meist auf dem Grün, bei dem der Ball nur rollt und nicht fliegt

Putting-Grün: Übungsgrün, auf dem das Putten trainiert werden kann. In manchen Clubs ist es auch gestattet, →Chips auf das P. zu spielen

Range: Driving-Range (→Rangefee)

Range-Fee: Gebühr, die man als Gast in einem Golfclub für die Benutzung der Übungsanlagen entrichten muß. Die Driving-Range-Bälle müssen meist zusätzlich bezahlt werden (→Driving Range)

Release: Das Freigeben des Schlägers (Ulnarflexion, Supination und Volarflexion links beziehungsweise Pro-nation und Dorsalflexion rechts) in der Treffmomentphase

Rough: Gras um die Fairways, das weniger tief geschnitten wird. Man unterscheidet das Semi-Rough (schmaler Streifen direkt neben den Fairways) und das Hard-Rough

Rückwärtsdrall (engl.: Backspin): Drehung des Balles um die eigene Achse entgegen der Flugrichtung (jeder Ball, der fliegt, hat Rückwärtsdrall; andernfalls würde er sofort abstürzen). Man redet nicht erst dann von Backspin, wenn der Ball nach dem Landen zurückläuft. In diesem Fall war der Backspin dann besonders groß. Der Rückwärtsdrall entsteht durch die Differenz zwischen vertikalem Eintreffwinkel und dem Loft des Schlägers

Sand-Wedge: Spezieller Schläger für den Bunker, der mit Bounce ausgestattet ist, damit die Sohle besser durch den Sand rutscht. Der S. ist wegen seines großen Lofts auch ideal für →Pitches

Schläger *flach*: Der Schlägerschaft ist aus der seitlichen Perspektive gesehen horizontaler ausgerichtet, als es sein Lie vorgibt (bei parallel zum Boden befindlichem Schaft zeigt das Griffende rechts vom Ziel oder das Kopfende links vom Ziel)

Schläger *steil*: Der Schlägerschaft ist aus der seitlichen Perspektive gesehen vertikaler ausgerichtet, als es sein Lie vorgibt (bei parallel zum Boden befindlichem Schaft zeigt das Griffende links vom Ziel oder das Kopfende rechts vom Ziel)

Schläger, *offen*: vom Griffende aus gesehen im Uhrzeigersinn verdreht

Schläger, *geschlossen*: vom Griffende aus gesehen gegen den Uhrzeigersinn verdreht. Die Begriffe flach und steil beziehen sich auf den Schlägerschaft während des Schwunges. Die Begriffe „offen" und „geschlossen" beziehen sich auf das Schlägerblatt.
Die Begriffe offen und geschlossen sind etwas verwirrend, da ein offener Stand eine Ausrichtung zu weit links vom Ziel bezeichnet und ein offenes Schlägerblatt für einen nach rechts verdrehten Schläger steht

Schlägerblatt: Vordere Fläche des Schlägerkopfes, die mit Ausnahme des Putters meist mit Rillen (→Grooves) versehen ist

Score-Karte: Mit Score wird die Schlagzahl (das Ergebnis) bezeichnet. Die Ergebnisse werden in die Score-Karte eingetragen

Shank: →Socket

Slice: Flugkurve des Balles, bei der der Ball nach rechts abdreht

Socket: Wenn der Schläger den Ball mit dem Hosel trifft, spricht man von einem S. Der Ball geht dann bei einem Schlag mit einem Eisen fast im rechten Winkel nach rechts, in ganz extremen Fällen und bei Schlägen mit Hölzern nach links

Spätes Schlagen: Man spricht von einem „späten" Schlagen, wenn sich der Winkel zwischen linkem Arm und Schlägerschaft im Abschwung sehr spät auflöst

Spikes: Metallstifte, die an den Sohlen der Golfschuhe angebracht sind, um den Stand, insbesondere auf feuchtem oder hügeligem Gras zu verbessern

Supination: Rotation der Unterarme zur Kleinfingerseite

Sweet Spot: Punkt auf der Schlagfläche des Schlägers, an der die optimale Energieübertragung auf den Ball stattfindet

Teaching-Pro: Professional, der seinen Unterhalt mit Golfunterricht verdient (→Playing-Pro /→Pro)

Tee: (engl.) Abschlagfläche sowie Holzstift, auf den der Ball beim ersten Schlag gelegt wird

Toppen: Wenn der Schläger den Ball oberhalb des Äquators trifft, spricht man von einem „getoppten" Ball

Tot: Ein Ball liegt tot an der Fahne, wenn er so nah am Loch liegt, daß er auf jeden Fall mit dem nächsten Schlag eingelocht werden kann

Vorwärtsbewegung: Teil des Schwunges vom Ende der Ausholbewegung bis zum →Finish (→Abschwung / →Durchschwung)

Waggle: Bewegung aus Händen und Unterarmen, die vor dem Schlag ausgeführt wird, um ein Gefühl für den Schläger zu bekommen und feststellen zu können, ob die Hände zu verkrampft sind

Wedge: Kurze Schläger mit viel →Loft: Pitching-Wedge 52°, Sand-Wedge 56°, Loft-Wedge 60°

Zählspiel: Wettspiel, bei dem alle Schläge über eine festgelegte Anzahl von Löchern gezählt wird und der Spieler mit den wenigsten Schlägen gewinnt

Ziellinie: Gerade, gebildet aus Ball und Ziel

Register

Zum gleichen Thema sind im FALKEN Verlag bereits erschienen:
Golf (Nr. 343); Golf – Neue Wege zum erfolgreichen Spiel (Nr. 4509); Sportregeln Golf (Nr. 1315); Falken Golf Praxis: Der Schwung (Nr. 4764); Video: Der Schwung (Nr. 6180); Video: Das kurze Spiel (Nr. 6181); Video: Fehler und Korrekturen (Nr. 6182).
Bitte fragen Sie Ihren Buchhändler.

Danksagung
Golf-Ausstattung:
Bridgestone Sports Europe GmbH, Markt Schwaben;
Mizuno Deutschland GmbH, München;
Pro-Shop des Land- & Golfclubs Öschberghof, Donaueschingen;
Rolco Sport Products BV, Tilburg/Niederlande
Titleist and Foot-Joy Worldwide Acushnet GmbH, Dietzenbach
Fotoaufnahmen auf dem Golfplatz:
Land- & Golfclub Öschberghof, Donaueschingen
Golfclub Neckartal e.V., Ludwigsburg-Pattonville

Kontaktadresse des Autors:
Golf mit System: Oliver Heuler, Lehenstraße 21, D-78166 Donaueschingen

Die Deutsche Bibliothek – CIP-Einheitsaufnahme

Golf für Einsteiger /Oliver Heuler. – Niedernhausen/Ts. :
FALKEN, 1995
(FALKEN Golf-Praxis)
ISBN 3-8068-4798-3
NE: Heuler, Oliver

ISBN 3 8068 4798 3

Umschlaggestaltung: BAYERL + OST GmbH, Frankfurt a.M.
Layout: Ilse Stockmann-Sauer, Offenbach a. M.
Gestaltung und Herstellung: Petra Leupacher
Redaktion: Jürgen Knöppler
Fotos: Atelier G & M Köhler, Leonberg: außer: **Archiv für Kunst und Geschichte,** Berlin: S. 11, 12; **BONGARTS Sportpressephoto,** Hamburg: S. 36/37; **Rüdiger Fessel:** S. 118/119; **HARDT Sportphoto Int.,** Hamburg: S. 2, 6, 8/9, 16/17, 22/23, 34/35, 88/89; **Peter Udo Pinzer,** Eppstein-Bremthal: S. 30, 31
Zeichnungen: CV & L/Kurt Dittrich/Mitarbeit A. Schickert, Wiesbaden

Satz: Falken-Verlag GmbH, 65527 Niedernhausen/Ts.
Druck: Ludwig Auer GmbH, Donauwörth

817 2635 4453 6271